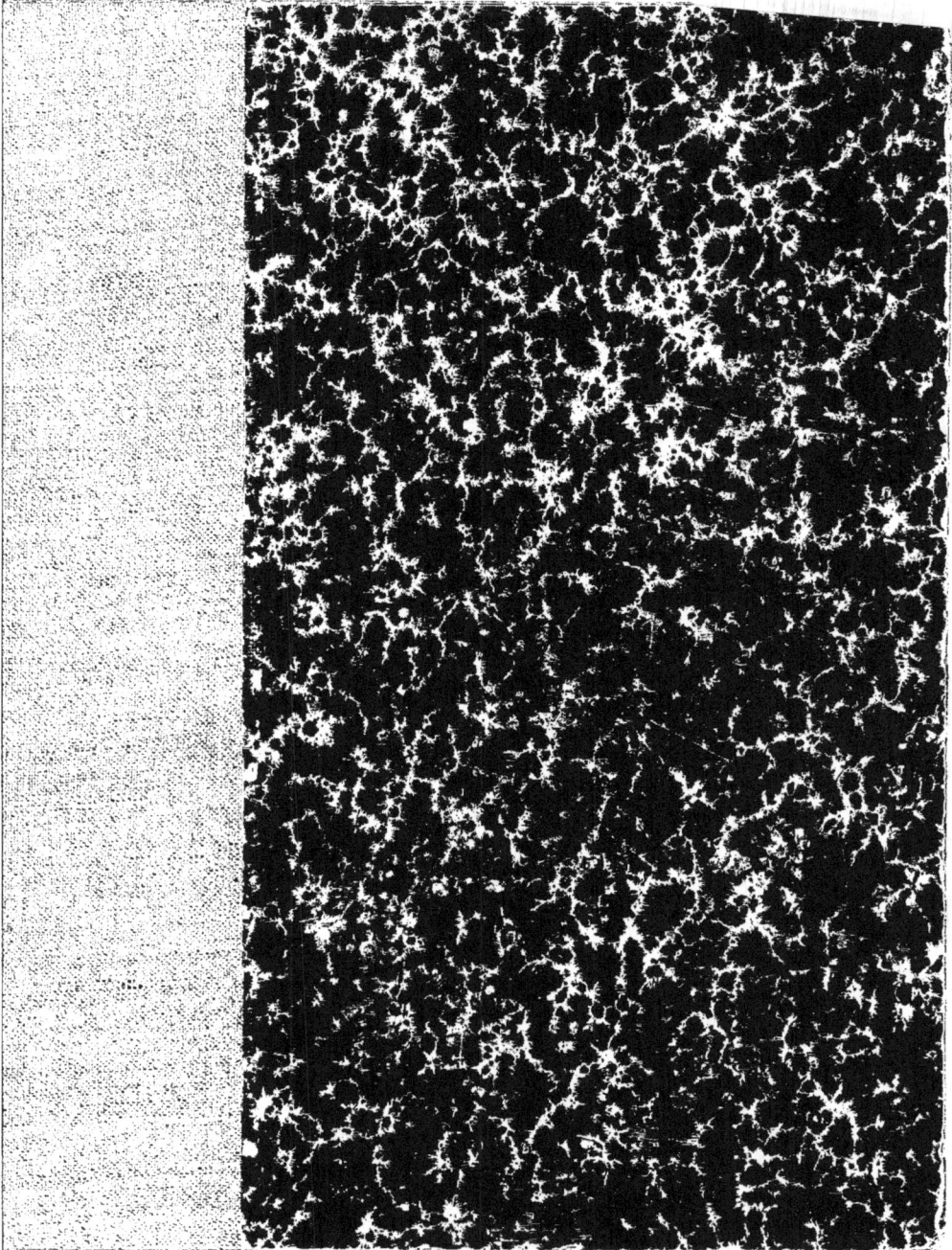

I0083190

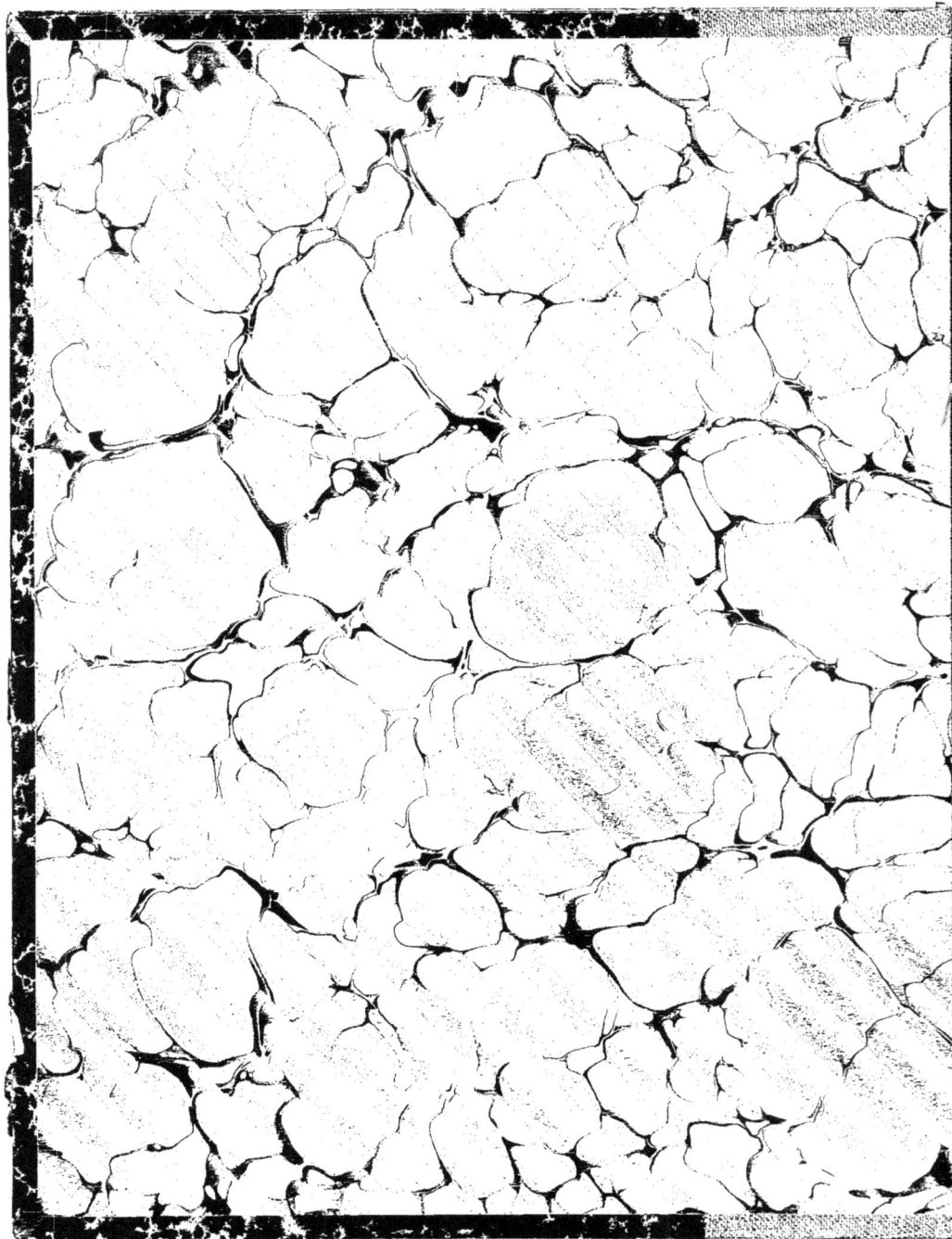

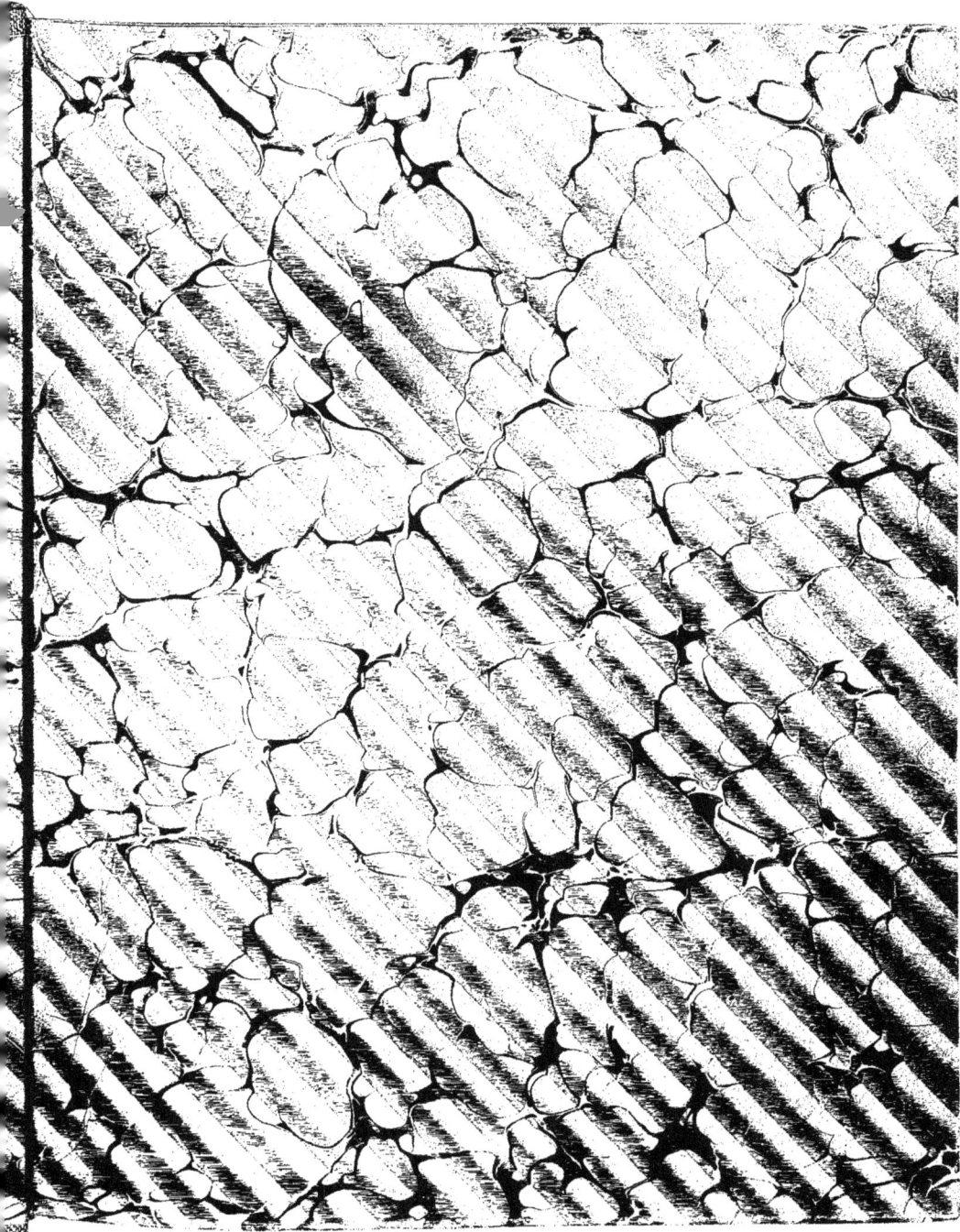

F. JACOB REL.

MVSIQVE
Vma
886

ÉTUDES SUR UN ORCHESTRE AU XVIIIe SIÈCLE

Imprimerie Delachaux & Niestlé S. A. — Neuchâtel.

GEORGES CUCUEL

ÉTUDES SUR UN ORCHESTRE
AU XVIIIME SIÈCLE

L'INSTRUMENTATION CHEZ LES SYMPHONISTES
DE LA POUPLINIÈRE
ŒUVRES MUSICALES DE GOSSEC, SCHENCKER
ET GASPARD PROCKSCH

Thèse

présentée à la Faculté des Lettres de l'Université de Paris

PARIS
LIBRAIRIE FISCHBACHER S. A.
33, RUE DE SEINE, 33
1913

Vma. 226

BIBLIOTH. NATIONALE
MUSIQUE

DON
5000

Legs
André Pirro

A MONSIEUR ANDRÉ PIRRO
EN HOMMAGE RESPECTUEUX

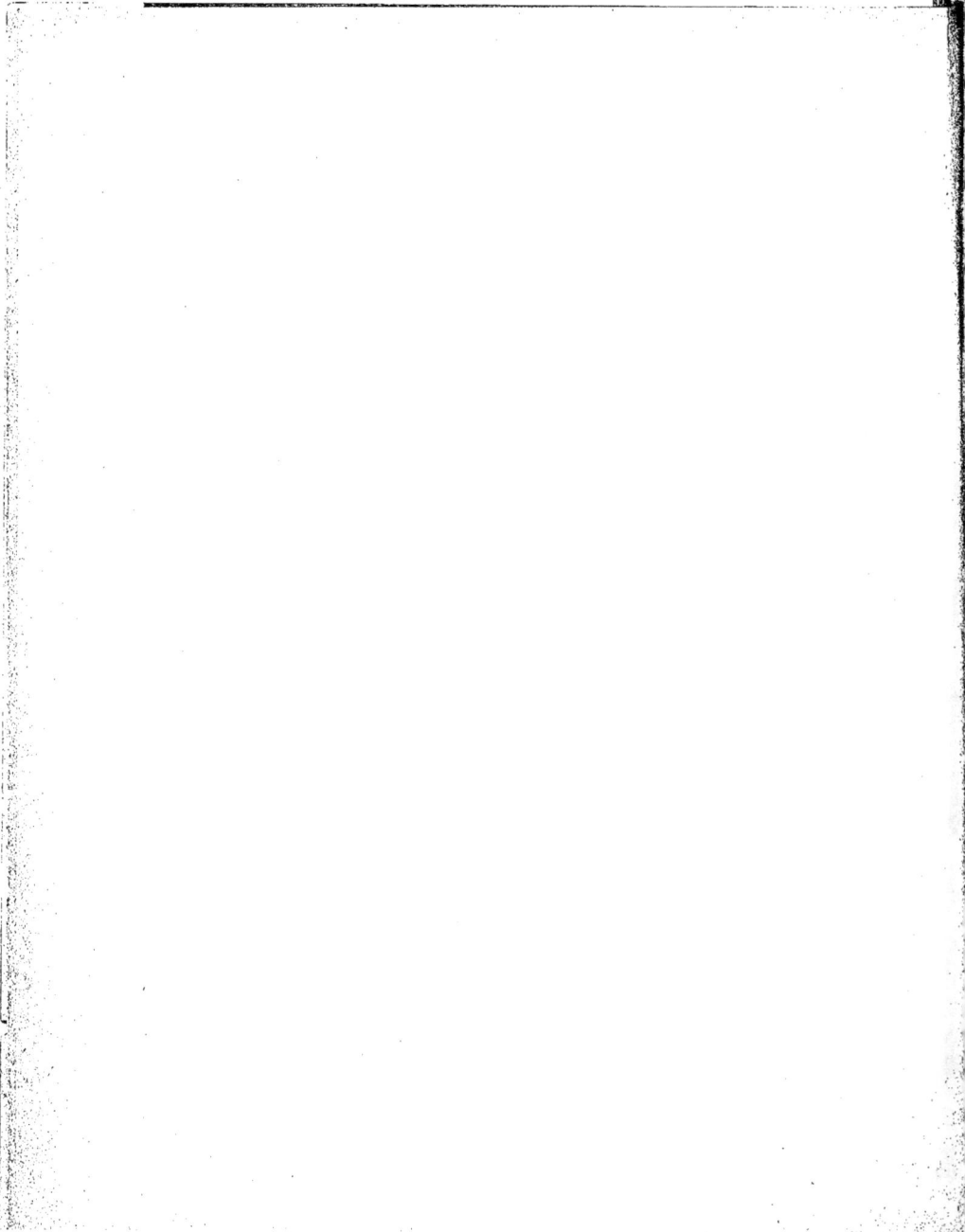

INTRODUCTION

Cet ouvrage doit être considéré essentiellement comme une publication de textes musicaux : si l'on a commencé depuis quelques années à étudier la symphonie en France vers le milieu du XVIIIme siècle, on n'a publié jusqu'ici aucune édition scientifique de la musique jouée au Concert Spirituel. C'est une grave lacune qu'il faut aujourd'hui s'efforcer de compléter, quel que soit notre retard sur les magnifiques éditions que nous donnent depuis des années les *Denkmäler* d'Allemagne et d'Autriche. Il nous a paru judicieux de nous limiter à un nombre restreint de symphonies, jouées entre 1750 et 1762 dans les concerts du fermier général La Pouplinière, parce que nous pouvions sur cette musique-là apporter quelques précisions qui nous auraient manqué peut-être par ailleurs. Nous avons étudié dans une thèse principale le rôle joué au XVIIIme siècle par le salon de La Pouplinière, en réservant pour ce volume les questions dites spéciales — instrumentation, catalogues, critique et publication de textes, — lesquelles y trouvaient plus naturellement leur place. Ainsi, dans notre pensée, ces *Etudes* sont bien un ouvrage complémentaire, mais elles gardent un caractère indépendant, parce que nos recherches ont porté sur des éléments tout à fait différents.

Quant au titre même d'*Etudes*, il a été choisi à dessein, d'abord parce qu'il écarte tout caractère définitif, auquel on ne saurait prétendre dans cette histoire encore si neuve de la musique de chambre française, ensuite parce qu'il correspond bien à la manière dont nous avons essayé d'élucider un certain nombre de questions relatives à l'orchestre de La Pouplinière. Nous avons considéré cet orchestre comme un organisme agissant, dont la vie devenait toujours plus riche, à mesure que se développaient ses multiples ressources.

Comment des instruments nouveaux y furent-ils introduits ? à quelle littérature spéciale ces instruments donnè-rent-ils lieu, avant de s'incorporer définitivement à l'orchestre moderne ? — voilà différents points qu'il fallait préciser et qui, tout obscurs et tout lointains qu'ils paraissent, ne sont pas inutiles pour expliquer la magnifique évolution de la musique symphonique depuis Haydn et Beethoven. Ces recherches, purement historiques, trouveront pratiquement leur illustration dans les symphonies que nous publions à la fin de ce volume.

Toutes ces symphonies ont été écrites par des musiciens de La Pouplinière ; les plus importantes sont celles de Gossec, à l'œuvre duquel nous avons accordé une étude très spéciale, en raison du caractère représentatif qu'offre sa musique. Un catalogue détaillé de l'œuvre instrumental de Gossec nous a paru être le meilleur moyen de mettre à sa vraie place les deux symphonies publiées en partition. Celles de Schencker et de Gaspard Procksch, sans avoir les mêmes caractères, se distinguent par d'autres mérites. Il s'agit, dira-t-on, d'obscurs musiciens et ces pages ne portent en rien la marque du génie. Cela est possible, mais nous n'avons pas cherché à découvrir à tout prix des œuvres de génie ; ces symphonies ont été exécutées chez La Pouplinière et au Concert Spirituel ; elles ont rencontré, semble-t-il, l'assentiment des auditeurs ; cela nous paraît largement suffisant ; elles représentent le genre musical cultivé, apprécié aux environs de 1760, et constituent un document historique qu'il sera loisible plus tard de critiquer ou de déprécier. Puisque la science historique a fait justice des « tableaux » et des « généralités », puisque nous en sommes à la période des « inventaires », demeurons-y et laissons les soucis d'esthétique et de comparaison à la musicologie de l'avenir.

Un mot encore sur la forme donnée à cette publication de textes : il s'agit d'une simple mise en partition, sans réalisation des basses chiffrées et cela pour deux raisons : d'abord une édition scientifique ne doit pas contenir de réalisations de basses, parce qu'elle est obligée de fournir le document à l'état pur — ce qui n'empêchera jamais de publier, *à part*, une transcription pour piano dont le besoin ne se faisait pas sentir en l'espèce; ensuite la réalisation, en 1913, d'une basse chiffrée en 1760 n'a pas grande signification, sauf au point de vue pratique. Au XVIIIᵐᵉ siècle, il y avait un certain flottement dans les opérations de ce genre; aujourd'hui, nous apportons involontairement des recherches d'harmonie bien étrangères à celles qu'un même texte inspirait aux contemporains de Stamitz et de Gossec.

Mon excellent collègue M. G. de Saint-Foix, m'a aimablement prêté les parties séparées de la Symphonie op. V de Gossec; M. J. Tiersot a beaucoup facilité mon travail d'inventaire, en me donnant libre accès aux riches collections de la Bibliothèque du Conservatoire de Paris. Enfin M. André Pirro a bien voulu lire cet ouvrage en manuscrit et m'indiquer quelques corrections; je tiens à lui en exprimer ma vive gratitude.

G. C.

PREMIÈRE PARTIE

Les Concerts de La Pouplinière et l'Instrumentation
au XVIIIme siècle
1730-1762

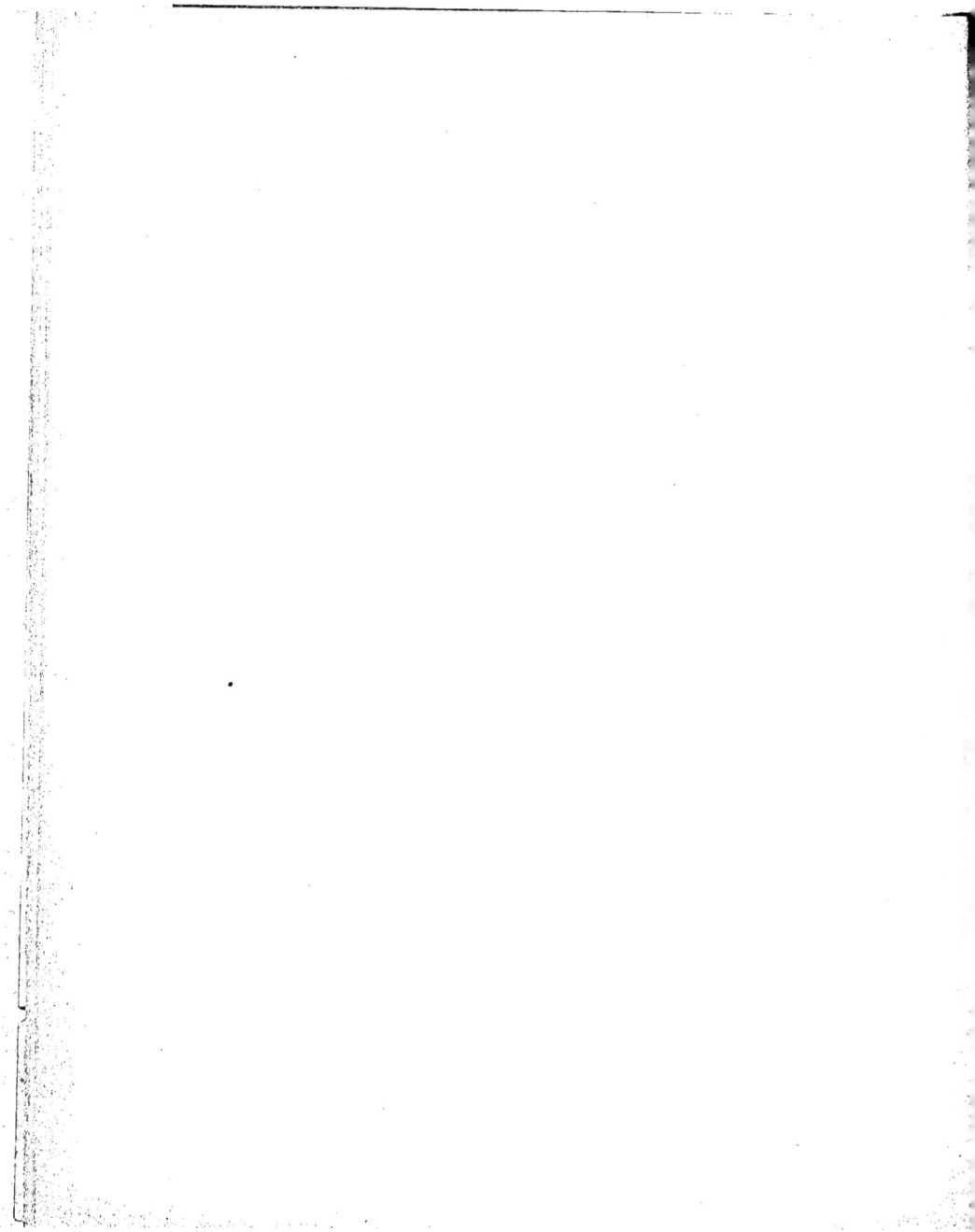

Les Concerts de La Pouplinière et l'instrumentation

au XVIIIe siècle

I

Nous ne possédons pas jusqu'ici d'étude générale sur le développement de l'instrumentation au XVIIIme siècle. On trouve des indications fort intéressantes dans l'*Histoire de l'instrumentation* de H. Lavoix (1878), mais depuis cette date les études musicologiques ont fait un grand pas en avant et ce livre, dont le fond reste excellent, serait à refaire, en tenant compte des plus récentes découvertes. Le *Traité d'instrumentation* de F.-A. Gevaert (1883) apporta quelques utiles renseignements, mais l'histoire même de la musique n'y joue qu'un rôle assez secondaire et la plupart des exemples sont naturellement empruntés aux compositeurs du XIXme siècle. Les travaux de M. Volbach pour Händel[1], de M. Pirro pour Jean-Sébastien Bach[2] ont fort éclairé les questions relatives à ces deux maîtres. La grande édition des œuvres de J.-Ph. Rameau (1894-1911), nous permet de suivre l'utilisation des instruments dans l'opéra français, mais s'arrête encore avant l'époque où les instruments à vent viennent enrichir l'orchestre.

Depuis quelques années enfin, les volumes des *Denkmäler deutscher Tonkunst* et des *Denkmäler der Tonkunst in Österreich* favorisent l'étude du style instrumental au milieu du XVIIIme siècle et particulièrement dans l'éclosion de la symphonie[3].

C'est à cette période que se sont attachés M. Carl Mennicke[4], M. Hermann Abert[5], MM. de la Laurencie et de Saint-Foix[1], après les riches préfaces où M. Hugo Riemann nous a révélé les maîtres de Mannheim. Toutefois, si le dépouillement paraît fort avancé pour l'Allemagne, il commence seulement en France et il a presque tout à nous apprendre pour l'Italie.

De nombreux renseignements nous sont fournis par les ouvrages qui étudient l'histoire de la musique dans une ville, ou dans une principauté : de ce nombre sont les travaux de MM. Israel pour Francfort[2], Curt Sachs pour Berlin et le Brandebourg[3], F. Walter, pour le Palatinat[4], J. Sittard pour Hambourg et le Wurtemberg[5], A. Werner pour Weissenfels[6], Fürstenau pour Dresde[7], L. de la Laurencie pour Nantes[8], L. Vallas pour Lyon[9], etc.

Il semble donc qu'aujourd'hui on puisse réunir assez de matériaux pour constituer les bases d'une histoire de l'instrumentation au XVIIIme siècle. Dans quel esprit faudrait-il la concevoir ? Telle est la question qui se pose nécessairement. Il est, croyons-nous, deux méthodes applicables : la première, purement documentaire, consiste à enregistrer

---

[1] *Die Praxis der Händel-Aufführung*, 1889.

[2] *L'Esthétique de J.-S. Bach*, 1907.

[3] Voir surtout dans la 1re série des *Dkm. deutsch. Tk.* les tomes VIII et IX (Holzbauer), XV (Graun), XX (Hasse), XXVIII (Telemann), XXIX-XXX (Musique instrum. allem.), XXXII, XXXIII (Jommelli), — dans la 2me série, les tomes I (Dall'Abaco), III[2], VII[2], VIII[2] (Symphonistes de Mannheim), dans les *Denkm. in Oesterreich*, t. XV[2], XIX[2] (Mus. instrum. autour de 1750).

[4] *Hasse und die Brüder Graun als Symphoniker*, 1906.

[5] *N. Jommelli als Opernkomponist*, 1908.

[1] *Contribution à l'histoire de la symphonie française vers 1750*, 1912. Voir aussi l'excellent livre de M. A. Schering : *Geschichte des Instrumentalkonzerts*, 1905.

[2] *Frankfurter Concertchronik*, 1876.

[3] *Musikgeschichte der Stadt Berlin bis zum Jahre 1800*, 1908. — *Musik und Oper am Kurbrandenburgischen Hof*, 1910.

[4] *Geschichte des Theaters und der Musik am Kurpfälzischen Hofe*, 1898.

[5] *Geschichte des Musik-und Concertwesens in Hamburg*, 1890. *Zur Geschichte der Musik und des Theaters am Württembergischen Hofe*, 1891.

[6] *Städtische und fürstliche Musikpflege in Weissenfels*, 1911.

[7] *Zur Geschichte der Musik und des Theaters am Hofe zu Dresden*, 1861-1862.

[8] *L'Académie de musique et le Concert de Nantes*, 1906.

[9] *La musique à Lyon au XVIIIme siècle*, 1909.

On ajoutera à cette liste un certain nombre d'articles utiles au point de vue de la chronologie de l'instrumentation, par exemple :

W. Kleefeld : *Das Orchester der Hamburger Oper, 1678-1738*. Sammelb. der I. M. G., I, 219-289.

J.-A. Herbst : *Zur Geschichte der Musik am Hofe von Darmstadt*, Monatshefte f. Musikgesch. XXXII (1900), 1-95.

L. Schiedermair : *Die Blütezeit der Oettingen-Wallerstein'schen Hofkapelle*. Sammelb. IX, 83-130.

à travers les différents auteurs, l'entrée et le rôle des instruments dans l'orchestre, à cataloguer des exemples et à
fixer des dates ; attitude sèche, impersonnelle et qui,
à d'aucuns, paraîtra peu séduisante. — La seconde, purement esthétique, consiste à s'attacher aux questions de
timbres et de couleurs, à noter le rôle expressif de chaque
instrument dans l'orchestre ; entreprise attrayante, mais
dangereuse, où il faut se garder de goûts trop personnels
ou de généralisations trop hâtives.

Il est évident que ces deux méthodes ne sont pas con-
tradictoires, que toute étude, pour être complète, devra
superposer la seconde à la première et nous savons
qu'on peut y arriver avec un rare bonheur, quand il
s'agit d'un terrain délimité comme les œuvres de J.-S.
Bach.

Il en est autrement dans le domaine proprement symphonique où le voile commence seulement à se lever.
Voici dix ans que nous connaissons Jean Stamitz ; nos
impressions sont d'hier sur les symphonistes français ;
nous attendons avec impatience les travaux qui nous révé-
leront Mysliweczek et Sammartini. C'est pourquoi, dans
l'état actuel de la musicologie, la première méthode
nous paraît seule rationnelle. Cette opinion est forti-
fiée par l'examen même des œuvres qui indiquent sans
cesse qu'au XVIIIᵐᵉ siècle la musique est fonction des
musiciens. Le principe essentiel à noter me paraît être
celui de la *substitution* les uns aux autres d'instruments
équivalents et dont on fera usage suivant les ressources
dont on dispose[1]. La base même de la symphonie est le
trio instrumental, écrit pour deux dessus et une basse ; on
emploiera indifféremment comme dessus : un violon, une
flûte, un hautbois, une clarinette ; comme basse : un violoncelle, un basson, une contrebasse, un clavecin. Les
instruments sont ainsi divisés en quelques catégories dont
les sujets sont considérés comme ayant la même valeur.
C'est ce qui fait que la personnalité de la clarinette par
exemple est si longue à s'établir[2] : de 1750 à 1770 elle
est très souvent remplacée par le hautbois ; à partir de
1770 environ, le nombre des clarinettes augmente et c'est
à leur tour de détrôner le hautbois. Quand Burney entendit *Zémire et Azor* à l'Opéra de Bruxelles, en 1772, la première clarinette faisait aussi la partie de hautbois[3]. Nul
exemple n'est plus curieux que celui du violoncelle et de
son succédané, le basson. De nombreuses sonates écrites
pour le basson « peuvent s'exécuter sur le violoncelle » et

réciproquement[1]. Carlo Graziani, musicien de La Pouplinière, publie vers 1760 six sonates op. I pour violoncelle
et clavecin ; dans la quatrième de ces sonates, le basson
vient tout à coup remplacer le violoncelle et achève le
mouvement commencé. Seul peut-être, le cor a un rôle
assez particulier ; il renforce en général la basse dont il
accentue les rythmes, mais sans pouvoir naturellement se
substituer à elle.

Il est fort curieux de remarquer que pour certains compositeurs la clarinette se rattache au groupe des cuivres ;
les partitions anciennes des symphonies de Haydn la placent souvent tout en haut de la page, entre les cors et les
timbales. Elle remplit alors son rôle étymologique de
trompette aiguë et double le cor à l'octave supérieure. Peu
à peu elle vient se ranger dans le groupe des bois.

Si l'on voulait donc étudier l'évolution de l'instrumentation au XVIIIᵐᵉ siècle, il conviendrait de prendre pour
base le trio, cellule primitive de la symphonie, de chercher
comment les divers instruments viennent le renforcer, se
doublant et s'appuyant les uns les autres, jusqu'au moment où chacun d'eux arrive à acquérir sa véritable personnalité, ce qu'on ne remarque guère avant les opéras de
Gluck. Au reste, derrière ces considérations documentai-
res, se cache un problème d'esthétique fort attachant :
comment le rôle expressif de chaque instrument s'est-il
établi peu à peu ? à quelles idées, à quels sentiments le
timbre de la clarinette ou du basson pouvait-il correspondre dans l'âme des contemporains ?[2] Entre 1730 et 1750
on se plaint volontiers de la monotonie des orchestres
français ; le président de Brosses admire les nuances de l'instrumentation italienne : « Ils s'entendent aussi
à varier le son par la variété de celui des instruments qu'ils
emploient : violons, cors, trompettes, hautbois, flûtes,
harpes, violes d'amour, archiluths, mandolines, etc. Nous
n'avons pas assez de diversité dans nos instruments ; c'est
ce qui contribue encore à la monotonie que l'on reproche
à notre musique[3]. » Bollioud de Mermet s'en tient à quelques vagues considérations sur la musique française : « Le
bon goût règne dans ces ouvrages [Senallié, Marais, Couperin, etc.], chaque instrument y trouve le caractère qui
lui est propre avec les avantages qui le distinguent des
autres et qui les rassemblent tous néanmoins pour former
les concerts[4]. »

Le développement de la musique instrumentale entre
1745 et 1750 inspire aux auditeurs des réflexions plus inté-

[1] Les symphonies gravées ou manuscrites portent de fréquentes indications dans ce sens.
[2] Nous renvoyons aux notes sur la clarinette que nous donnons
plus loin en nous inspirant de ce principe.
[3] *État présent de la musique*, II, 14.

[1] Citons par exemple 6 sonates publiées par Dard au début de 1759
(*Affiches*, 30).
[2] Nous nous attachons à la symphonie surtout ; dans le théâtre l'instrumentation est guidée par des influences plus extérieures.
[3] *Lettres*, II, 333.
[4] *Corruption du goût*, 13.

ressantes ; mais les instruments ne parlent pas à l'âme, ne provoquent pas d'impressions ; ils éveillent plutôt des idées littéraires. Le *Mercure de France* publie en novembre 1750 une Ode en vers intitulée le *Vauxhall* et renfermant une description de Londres et du plaisir qu'y trouvent les amateurs de musique :

> Tantôt la trompette guerrière
> Sur les tons les plus éclatants
> Exprime les combats sanglants
> Et la victoire meurtrière.
> Sons étouffés, tristes accents [1],
> Sanglots mêlés de cris perçants
> Lente et funèbre symphonie !
> J'éprouve les charmes puissants
> De votre lugubre harmonie.
> Les timbales et le basson
> Portent dans mon âme attentive
> L'horreur, la consternation.
> La langueur, la compassion,
> Suivent de la flûte plaintive
> Le touchant et douloureux son. .
> A ces concerts mélancoliques,
> Les cors de chasse, les hautbois
> Font succéder les airs rustiques
> Des heureux habitants des bois.

Voilà de ces épithètes définitives ! la trompette guerrière, le basson lugubre, la flûte plaintive.... on parlera ainsi pendant longtemps. Toutefois ces expressions, purement formelles, se modifient après les symphonies de Stamitz et de Gossec. Les six symphonies de l'op. V de Gossec (vers 1761) sont spécialement intéressantes à ce point de vue ; les clarinettes et les hautbois ont un rôle indépendant : pendant que les cors renforcent les basses, les bois sont chargés d'introduire d'importants motifs, procédé heureusement inauguré par J. Stamitz [2].

En même temps l'esthétique musicale révèle de nouvelles exigences ; c'est avec les *Observations* d'Ancelet que la notion de couleur paraît s'introduire en 1757 : « Les petites flûtes, les flageolets même seront utiles au compositeur, quand il les placera à propos. La longueur de certains opéras nous fait éprouver chaque jour combien la variété des instruments leur est nécessaire. Les hautbois et les bassons, par le même endroit, seront d'une grande ressource à celui qui compose : il doit employer dans son tableau, quand il est bien dessiné, la différence des sons que l'on peut comparer à la diversité des couleurs, ainsi que le *Piano* et le *Forte*, aux ombres et aux nuances : cet article si essentiel est très négligé dans nos orchestres. Le hautbois a la qualité du son tendre et cependant martial : il doit être employé dans les fêtes guerrières et champêtres, ainsi que dans certains accompagnements.... Les Alle-

mands nous ont appris à employer les cors de chasse : ce sont eux qui nous ont montré combien ces instruments soutiennent et remplissent un orchestre. Ils brillent dans les forêts et contribuent, par l'ardeur qu'ils inspirent, à un plaisir noble qui est l'image de la guerre [3] ».

Ainsi les théories et les œuvres à la fois nous indiquent la formation d'une esthétique nouvelle à partir de 1750. On abandonne une « esthétique un peu abstraite » comme dit avec raison M. Romain Rolland [2], pour déterminer le rôle de chaque instrument, pour indiquer des oppositions artistiques entre les bois et les cordes, pour confier successivement à chaque groupe le soin de dessiner les motifs nouveaux [3]. En même temps on recherche les effets psychologiques par la combinaison de différents instruments et non plus par l'apparition d'un seul instrument, chargé comme le hautbois, de symboliser éternellement les plaisirs rustiques, ou comme le cor, d'annoncer le passage des chasseurs. Rien de plus curieux à ce point de vue que l'analyse donnée par Gossec de sa *Messe des Morts* (1760) [4] : la réunion des trombones, des clarinettes, des trompettes, des cors, des bassons doit concourir à un « effet terrible et sinistre », pendant que les cordes expriment la frayeur « par un frémissement sourd » ; quelques pages plus loin, le compositeur cherche « un effet doux, suave et consolateur », en combinant les flûtes avec les clarinettes et les cors. Que l'on compare ces innovations à la symphonie purement descriptive de Calvière [5] ou à l'épître trop « livresque » du *Mercure*; on sentira combien la musique a évolué vers l'expression, vers la vie, autant dans l'orchestration renouvelée que dans l'ordonnance même des symphonies. Il est bien entendu que si les intentions de Gossec sont des plus intéressantes, la réalisation n'est pas toujours heureuse et que l'ensemble a souvent quelque chose de sec et d'étriqué.

Mais désormais l'élan est donné par celui que les critiques considèrent à juste titre comme le disciple direct de Mannheim. On s'attachera désormais à ces contrastes, à ces effets d'harmonie, à ces combinaisons d'instruments. Un critique de 1770 admire, dans les symphonies allemandes et dans celles de Gossec, « l'emploi si heureux des instruments à vent », le « grand parti » que les compositeurs ont su en tirer. « Ils ont conçu que toute expression ne convient pas au chant ; qu'il est mille nuances que l'orchestre est bien plus fait pour rendre [6] ». M. de Chabanon

---

[1] « Il s'agit ici de la *Marche des morts*, *The dead March*, morceau fameux d'un concert spirituel de M. Haendel, intitulé Saul. »

[2] Par exemple Symphonie à 8. *Deuku. deutscü. Tk.* 2ᵐᵉ série III[1], p. 16.

[1] Pages 28, 32, 33.

[2] *Haendel*, 192.

[3] Nous renvoyons à la belle symphonie de l'op. V de Gossec publiée à la fin de ce volume.

[4] Note sur *l'introd. des cors*, 221.

[5] Cf. *Sentiments d'un harmoniphile sur différents ouvrages de musique*. Paris, 1756, in-8°, p. 9.

[6] Framery dans le *Journal de musique*, mai 1770, p. 16.

dans sa Lettre sur la musique à l'occasion de Castor, en 1772, constate que les Stamitz, les Bach, les Gossec « ont rassemblé une multitude d'instrumens différens, dont quelques-uns n'étaient point en usage au temps où Castor fut écrit. Tous ces instrumens, dont la réunion nourrit le corps des symphonies modernes, y jettent une variété charmante, lorsqu'ils se font entendre séparément ou qu'ils figurent tour à tour [1]. » A la même époque Gluck poursuit au théâtre une œuvre analogue, d'ailleurs préparée par l'opéra-bouffe italien, par l'opéra-comique français, en arrachant la musique dramatique à la noble sécheresse de Rameau, en utilisant chaque instrument pour en dégager l'expression particulière. Un passage des Mémoires de Grétry résume bien l'évolution instrumentale dont nous avons essayé de tracer les grandes lignes :

« L'emploi des instrumens à vent, si bien senti par les Allemands par rapport à l'harmonie, mérite d'être considéré par les compositeurs dramatiques. Lorsque la musique ne déclamait point, une flûte traversière, une trompette, un cor voulaient dire amour, gloire ou la chasse. Il faut à présent que ces divers instruments concourent à l'expression [2]. »

On voit dans quelle mesure la conception même de l'orchestration s'est modifiée de 1730 à 1780 ; après des années de tâtonnement, où le rôle de chaque instrument reste indéterminé, où l'on substitue un instrument à un autre suivant les ressources dont on dispose, sans s'inquiéter des différences de timbre qui en résulteront dans un ensemble, on arrive vers 1760 à une conception plus harmonieuse, où chaque instrument est mis en valeur à sa propre place, qu'il s'agisse simplement de soutenir le quatuor ou d'introduire un thème nouveau. En même temps les instruments quittent leur rôle symbolique, convenu ; ils ne serviront plus à évoquer une idée, à indiquer une allusion ; ils tenteront des effets psychologiques, ils s'efforceront, comme dit Grétry, de concourir à l'expression générale. Ce n'est pas autrement qu'ils seront utilisés dans la Neuvième Symphonie, dans la Damnation de Faust ou dans la Tétralogie.

Tels sont, à notre avis, les principes qui pourraient guider une étude de l'instrumentation au XVIIIme siècle. On y constaterait une fois de plus le rôle très spécial qu'a joué en France le « laboratoire musical » de La Pouplinière, en favorisant l'emploi des instruments à vent dans la symphonie. Si lointaine que paraisse cette action, elle n'est pas négligeable dans l'évolution de la musique où des œuvres dissemblables se relient souvent par quelque lien mystérieux. Dans l'ouverture de Don Juan ou dans le prélude de

Tristan et Isolde, il y a sans doute tout le génie d'un homme, qu'il soit fait de grâce, de souplesse ou d'énervante passion, mais il y a aussi des siècles d'effort, une longue expérience où d'humbles artisans ont souvent usé leur vie. Leur existence, leurs pensées, leurs tentatives ne doivent point laisser indifférent celui dont le regard voudrait percer l'horizon. Aussi convient-il de réserver quelque souvenir aux instrumentistes qui firent entendre aux hôtes de La Pouplinière ces symphonies de Sammartini, de Gossec et de Stamitz dont l'obscure influence nous permet aujourd'hui d'écouter le langage émouvant d'un Beethoven ou d'un Schumann.

II

Nous nous efforcerons de montrer le rôle joué par les concerts de La Pouplinière dans le développement de l'instrumentation et pour fixer les idées, nous croyons indispensable d'indiquer, sous la forme la plus sèche, la chronologie même de cette activité musicale.

1718-1727. — La Pouplinière entre dans les Fermes, assiste aux concerts des Crozat, fait la connaissance de Rameau.

1727-1731. — Séjour de La Pouplinière en province et voyage de Hollande.

1731. — Concerts rue des Petits-Champs, sous la direction de Rameau.

1739. — Début des concerts rue de Richelieu.

1747. — Concerts au château de Passy. — Musique religieuse.

1752. — Arrivée de Gossec.

1753. — Rupture avec Rameau.

1754. — L'orchestre est dirigé par intérim, peut-être par Mondonville. — Arrivée de J. Stamitz.

1755. — Stamitz chef d'orchestre.

1756. — Gossec chef d'orchestre.

1762. — Mort de La Pouplinière ; dispersion de l'orchestre.

En 1762, d'après l'état des appointements [1], l'orchestre était ainsi composé :

1 violon principal (Canavas), 4 violons (Gossec, Capron, Calès, Mioglio), 1 violoncelle (Graziani), 1 clavecin (Mme Gossec), 1 harpe (Goepffert).

1 flûte (Le Clerc), 1 hautbois (Ignace Cézar), 2 clarinettes (Procksch, Flieger), 1 basson (Saint-Suire).

2 cors (Schencker, Louis).

Naturellement tous ces musiciens avaient des attributions variables, comme à l'Opéra : par exemple Louis jouait de la contrebasse et Schencker de la harpe. Ainsi

---

[1] Mercure, avril 1772, II, 161.

[2] Mémoires ou essais sur la musique. Paris, 1797, in-8°, I, 237.

[1] Arch. Nat. Y 15647.

constitué, cet orchestre est le plus harmonieux de l'époque ; il est le seul à réunir complètement le quatuor d'instruments à vent : flûte, hautbois, clarinette et basson, lequel ne se rencontrera à l'Opéra qu'en 1770 ; il est assez curieux qu'au sein de tant d'instruments venus d'Allemagne, on ne voie pas ici figurer les trombones.

Il faut rapprocher de cette énumération celle que donne le comte de Clermont dans une lettre au comte de Billy, écrite le 11 février 1749 [1].

....« Mais parlons de vos menuets, j'assemble actuellement les virtuoses, les Corno primo, Corno secundo, violino sello, violeta, violino, Clarinette, aubois, trompette marine, flajolet, Contrebasse, fifre, timbale, viel, guimbarde, flutte douce, flutte à l'oignon, chalumeau, cornemuse, musette, Castagnette, tambourin, trombone, orgue, orgue de Barbarie, timpanon, harpe, clavessin et épinette pour exécuter ces divins menuets dont l'on va tirer les partitions nécessaires pour leur exécution, ils seront aussi tripudiés ce soir par Mᵉˡˡᵉˢ Le Duc qui mettront chacune une paire de souliers neufs exprès pour cela et il vous sera mandé tout le plaisir que les oreilles et les pieds auront eûs à s'abandonner aux charmes mélodieux de la gratieuse mélodie dont vous venez d'orner nos concers et nos danses [2]. »

Il faut se garder naturellement de prendre cette énumération au pied de la lettre ; nous n'avons guère sur les musiciens du comte de Clermont que les renseignements donnés par Laujon et peu circonstanciés ; mais cet orchestre, dirigé par Pagin et Blavet, ne passa jamais aux yeux des contemporains pour avoir l'importance de celui de La Pouplinière. Il suffira de comparer cette lettre avec les autres écrites par le comte de Clermont pour noter l'aimable fantaisie qui y règne d'un bout à l'autre ; fantaisie charmante, du reste, où l'on sent une culture peu profonde, mais fort étendue, beaucoup d'esprit et une pointe de poésie romantique qui, en 1749, y ajoute une note des plus piquantes. Mais il est essentiel de remarquer la mention des corno primo et corno secundo et celle de la clarinette. En 1749 les cors venaient de faire leurs débuts au Concert Spirituel et quant à la clarinette, cette lettre, antérieure de deux ans à *Acante et Céphise* est la première indication que nous trouvions à son sujet. Le comte de Clermont assistait-il aux concerts de Passy ? cela est fort probable, mais la preuve certaine nous échappe. Notons encore dans l'énumération la présence des harpes et des trombones, deux instruments qui n'apparaîtront guère dans les orchestres que vingt-cinq ans plus tard.

On pourra comparer à l'orchestre de 1762 celui qui se trouvait rassemblé en 1754 au château de Fontainebleau : il comprenait sept premiers dessus, sept deuxièmes dessus, six violoncelles, quatre bassons, une trompette, une timbale, un clavecin et les deux cors de chasse du duc de Villeroy [1].

* * *

Nous ne saurions nous attacher à l'étude de tous les instruments cités plus haut : les concerts de La Pouplinière n'ont marqué un réel progrès dans l'instrumentation qu'en employant le cor d'harmonie, la clarinette et la harpe. Avant de donner quelques détails sur ces trois instruments, traitons en quelques mots une question qui se pose d'elle-même : La Pouplinière collectionnait-il les instruments de musique ; avait-il des pièces dignes d'intérêt ?

Les *Affiches de Paris*, dans l'annonce trop sèche de la vente faite en juillet-août 1763. indiquent simplement : *Clavecin de Ruckers, orgues, harpes....* et plus loin *contrebasse, violoncelle, trompe, flûtes traversières et orgue dans une table* [2]. Les *Scellés* ajoutent quelques détails complémentaires : les harpes étaient de Goepffert, musicien et facteur dont nous nous occuperons plus loin ; il y en avait d'ailleurs plusieurs, tant à Passy que rue de Richelieu, puisque Mᵐᵉ de la Pouplinière en réclama une qui lui appartenait personnellement ; Mᵐᵉ de la Combe, belle-sœur du fermier général, reprit aussi une harpe et une guitare.

Le grand salon de Passy contenait un clavecin ; on en trouvait un autre, de Ruckers, dans la « salle de société », rue de Richelieu et un troisième, de Ruckers, à grand ravalement, dans le cabinet de toilette au second étage. On appelait alors clavecin « à ravalement », celui dont l'étendue dépassait quatre octaves et « à grand ravalement », celui qui allait jusqu'à cinq octaves [3].

Le mot trompe désigne certainement un cor de chasse ; on ne voit ni les violons ni les clarinettes qui étaient sans doute la propriété des rares exécutants. Quant à « l'orgue dans une table », c'est un orgue portatif, la plus ancienne forme de l'instrument du reste. Cet orgue

---

[1] Cette lettre a été publiée en 1867 par J. Cousin : *Le comte de Clermont, sa cour et ses maîtresses*, 2 vol. in-16, 1, 23, mais avec de si graves inexactitudes et une lecture si fantaisiste au point de vue musical, que nous transcrivons le véritable texte d'après l'original : manuscrit de l'Arsenal 3505, fº 88 et vº (Portefeuille de Bachaumont).
[2] On trouvera des fragments de cette lettre dans un article de Em.-Mathieu de Monter sur la *Musique et la Société française au XVᵛⁱᵐᵉ siècle*, publié dans la *Revue et Gazette musicale* en 1864, pp. 329, 339, 363, 370, 404, 411, (lettre : p. 370.) — Article fort suspect, sans dates ni références, où sont cités les noms d'obscurs mélomanes, tandis que celui de La Pouplinière n'y figure pas.

[1] Luynes : *Mémoires*. Ed. de 1860, in-8º, XIII, 379 (22 octobre 1754, représentation de *Thésée* de Lully). — Composition analogue dans le théâtre des Petits-Appartements à Versailles. Cf. Laujon : *Œuvres choisies*, Paris, 1811, in-8º, I, 79.
[2] Pages 465, 585.
[3] Cf. E. Closson : *Pascal Taskin*. Sammelbände der I. M. G., XII, 251.

devait se trouver dans le salon, rue de Richelieu ; le grand orgue de Passy, placé dans une pièce précédant la chapelle, avait été installé par Samuel Bernard et fit retour, comme tous les autres meubles, au président de Boulainvilliers.

On peut rapprocher « l'orgue dans une table » de celui que les *Affiches de Paris* décrivent en 1754 (p. 116). « Vente d'un excellent orgue en forme de bibliothèque ayant un clavier ordinaire avec six jeux, sçavoir bourdon, flûte, nasard, doublette, trompette, cromorne et en dessous un cylindre qui porte douze grands airs avec tous les accompagnemens pour jouer à la main. » (De Magny, facteur.)

❦

LES CLARINETTES

La question des clarinettes est l'une des plus embrouillées que l'on puisse rencontrer en étudiant l'instrumentation du XVIIIme siècle. Les historiens de la musique n'y sont pas restés indifférents ; M. Riemann a présenté quelques observations judicieuses dans la préface du premier volume des *Mannheimer Symphoniker* ; M. Mennicke a esquissé rapidement l'histoire de la clarinette au XVIIIme siècle [1]. Nous avons essayé à notre tour, dans un récent article, de préciser les données du problème, qui complique surtout la disparition vraisemblable des parties de clarinettes, autant dans la symphonie française que dans l'école de Mannheim [2].

Il faut commencer par préciser le sens du mot *clarino* qui ne laisse pas d'être ambigu. Depuis la fin du XVIme siècle, on désigne sous ce nom la trompette aiguë (Hohe Trompete) qui figure dans l'orchestre de l'*Orfeo* de Monteverdi. Quelles que soient ses transformations, la racine du mot désigne un son clair, élevé. Pendant tout le XVIIIme siècle cette trompette aiguë dont les différentes espèces sont minutieusement décrites par Altenburg [3], est employée d'une façon courante dans la musique symphonique et théâtrale. On en trouve de nombreux exemples dans Bach et dans Händel [4] ; le mot de *clarinetti* s'emploie parfois pour désigner ces trompettes dans le *Caio Mario* de Jommelli en 1746 [5], mais il est assez rare et l'on se sert en général des mots : clarino ou tromba [6]. Après 1770, alors

que la clarinette est parvenue à sa plus grande vogue, le mot de clarino continue à désigner les trompettes aiguës. Une symphonie de G.-A. Lippe, vers 1780, comporte deux *clarini* et les parties portent les indications : tromba 1ª et tromba 2ª [1]. On voit que pendant tout le XVIIIme siècle le même mot sert à désigner deux instruments différents et que la langue italienne ne sut pas fournir de terme spécial pour la clarinette qui est très rarement désignée par *clarinetto*. Cette confusion de mots, que nous avons déjà signalée, n'est pas faite pour éclairer des recherches délicates : étant donnée l'analogie de registre qu'offrent la clarinette et la trompette aiguë, on pourra souvent hésiter sur l'attribution à l'une ou à l'autre, devant une partie marquée clarino, d'autant plus que la virtuosité des instrumentistes du XVIIIme siècle paraît avoir été supérieure à celle qu'on peut attendre de nos jours [2].

De pareilles discussions seraient peu importantes, s'il s'agissait d'un instrument banal, mais précisément la clarinette est de ceux qui ont apporté à l'orchestration les sonorités les plus brillantes et les plus riches ; son avènement marque un pas décisif dans les progrès de la symphonie et il serait essentiel de pouvoir fixer la date précise de son introduction en France.

Reprenons à présent les dates principales de l'histoire de la clarinette à Paris [3]. L'instrument n'était autre que l'ancien chalumeau perfectionné en 1690 par Christophe Denner, de Leipzig (1655-1707) ; la première clarinette, employée surtout à partir de 1707, avait six trous, deux clefs de la et de si ♭. De minutieuses recherches en Allemagne

---

[1] *Hasse*, 277-281.

[2] *Zeitschrift der I. M. G.*, juillet 1911.

[3] J.-E. Altenburg : *Versuch einer Anleitung zur heroisch-musikalischen Trompeter- und Paukerkunst*. Halle, 1795, in-4° (Réimp. 1911), p. 9, 11.

[4] H. Eichborn : *Die Trompete in alter und neuer Zeit*. Leipzig, 1881, in-8°, p. 43. — Pour J.-S. Bach, cf. Pirro, 237.
Ce qu'on appelait « die Kunst des Clarinblasens » était extrêmement développé en Allemagne au XVIIIe siècle. Cf. les détails que donne Altenburg sur les sonates de Table et les concerts de trompettes (*loc. cit.* p. 111).

[5] H. Abert, *Jommelli*, p. 291.

[6] Mattheson, *Das neu eröffnete Orchestre*, 265.

---

[1] Bibl. du Cons. — Recueil de Symphonies n° 115.

[2] Le rôle primitif de la clarinette, nous l'avons déjà indiqué, consista à doubler à l'octave les trompettes et les cors. Voyez sur ce point quelques judicieuses réflexions de M. Saint-Saëns : *Joseph Haydn et les Sept Paroles*, dans l'*Echo de Paris* du 7 janvier 1912.

[3] Dans les excellentes pages citées, M. Mennicke s'est plutôt attaché à l'histoire de l'instrument après 1760. C'est la période primitive qui nous intéresse surtout ici.

pourraient peut-être nous révéler quel usage on a fait de la clarinette entre 1707 et 1750; les exemples que nous possédons jusqu'ici sont extrêmement isolés.

Mattheson ne mentionne pas la clarinette dans l'intéressante énumération d'instruments que renferme *Das neu-eröffnete Orchestre* en 1713; elle n'apparaît pas davantage dans le *beschützte Orchestre* de 1717.

J.-G. Walther, en 1732, consacre quelques lignes à cet instrument lequel, dit-il, sonne de loin comme une trompette [1]. On voit combien l'assimilation indiquée plus haut est fréquente, même chez les théoriciens. Il faut arriver jusqu'en 1739 pour trouver mention de deux clarinettistes à Francfort [2]. Cependant la clarinette faisait son chemin en dehors de l'Allemagne : les archives de la cathédrale d'Anvers possèdent une messe composée en 1720 par le maître de chapelle J.-A.-J. Faber et où la clarinette est traitée en instrument concertant [3].

Flaut. trav.

L'exemple est des plus significatifs et offre un vif intérêt, si l'on songe que Gossec a achevé son éducation musicale à Anvers et qu'il fut plusieurs années chantre dans cette même cathédrale; il serait donc fort possible qu'il ait apprécié l'emploi des clarinettes avant d'entrer au service de La Pouplinière.

Comment le fermier général eut-il connaissance de ces instruments nouveaux; à quel moment les fit-il entrer dans son orchestre? C'est un point que nous n'avons pu élucider jusqu'ici; peut-être en avait-il entendu parler par Hasse, par Telemann ou plus simplement par un de ses musiciens. Toujours est-il que la clarinette fait, sous ses auspices, son apparition dans la musique théâtrale, avant de se révéler dans la musique symphonique. On a beaucoup discuté sur la question des clarinettes dans *Acante et Céphise* (1751) [4]; les uns penchent pour la clari-

nette proprement dite [1], les autres pour la trompette aiguë [2] et l'examen des parties elles-mêmes peut laisser l'opinion indécise; la partition manuscrite de l'ouverture, à la Bibliothèque de l'Opéra, porte au crayon rouge les mentions *clar.*; les parties gravées indiquent des clarinettes en ut. Si dans le texte même certains arpèges semblent ressortir de la trompette aiguë :

les batteries qui suivent appartiennent nettement à la clarinette :

Je crois qu'il convient de ne pas s'attacher à la lettre à ces divergences; il y a souvent dans les œuvres du XVIIIme siècle de véritables acrobaties que l'on déclare volontiers inexécutables aujourd'hui.

Trois espèces de documents nous paraissent lever toute incertitude à ce sujet : c'est d'abord le compte-rendu du *Mercure*, déjà signalé par M. Brenet [3] : «On a extrêmement goûté dans la fête des chasseurs les airs joués par les clarinettes.» Il s'agit bien là d'un instrument inconnu dont la nouveauté et la qualité de son frappaient les Parisiens.

Le document le plus important a été publié par M. L. de la Laurencie d'après les Archives de l'Opéra [4]; c'est un état des *Sujets employés par extraordinaire dans différents opéras* en 1753 :

Acanté et Céphise... clarinettes... Gaspard Procksch, 6 livres
Flieger . . . . 6 livres
Schencker . . . 6 livres
Louis . . . . 6 livres

Chacun de ces musiciens reçut 126 livres pour l'ensemble des représentations. Il y a là un témoignage objectif dont l'importance est incontestable.

Ce témoignage se trouve enfin confirmé par les documents inédits que nous possédons sur la même époque. L'auteur des *Anecdotes sur ce qui s'est passé chez M. de la Pouplinière*, écrit : «Il avait la meilleure musique de l'Europe, ayant à ses gages 12 musiciens des plus excellents, en outre 2 clarinettes et 2 cors admirables; ces musiciens,

---

[1] *Musik-Lexikon*, p. 168.
[2] Israel, *Frankfurter Concertchronik*, 29.
[3] F.-A. Gevaert, 177. — Van der Straeten, *La Musique aux Pays-Bas*, II, 107 : note sur J.-F. Faber, organiste à Anvers en 1742. En 1747 Jos. Kinniger et Ignatius Dansky dressèrent l'inventaire des instruments acquis avant 1739 par le chapitre de Kremsmünster : on y remarque 1 harpe, 4 cors de chasse, 7 trombones et 2 clarinettes en buis, sans compter les trompettes, les hautbois et les bassons (*Monatshefte f. Musikgesch.*, XX, n° 7, p. 109).
[4] Pendant l'impression de ce chapitre M. L. de la Laurencie me signale une pièce des Archives de l'Opéra qui mentionne l'emploi de clarinettes dans une représentation de *Zoroastre* (1749).
[1] H. Lavoix, 231. — Brenet, *Concerts*, 224. — Laloy, *Rameau*, 217, 221.
[2] Mennicke, *loc. cit.* (d'après le témoignage de Gossec, évidemment erroné.)
[3] *Concerts*, 224.
[4] *Rameau, son gendre et ses descendants.* — S. I. M. 15 février 1911, p. 16.

3

outre les jours marqués de concert par semaine, venaient jouer les jours de fêtes et dimanches dans son antichambre depuis onze heures jusqu'à midi que commençait la messe, pendant laquelle ils continuaient de jouer. » Nous tenons donc pour certain que Rameau a utilisé pour *Acante et Céphise* les clarinettes dont il dut la révélation aux concerts de La Pouplinière. Cette constatation nous permet de prendre en défaut l'exactitude de Gossec, lorsqu'il affirme que Jean Stamitz fit connaître au fermier général l'usage des cors et peut-être celui des clarinettes. Les représentations d'*Acante et Céphise*, en 1751 et 1753, sont antérieures à l'arrivée de Stamitz qui se trouva en 1754 à la tête d'un orchestre complètement organisé. Il est important de le remarquer pour la gloire de la musique française.

Après le séjour de Stamitz, la clarinette paraît faire partie des habitudes théâtrales. On trouve de très intéressants fragments écrits pour cet instrument dans *Célime*, ballet en un acte représenté à l'Opéra le 28 septembre 1756, livret de Chennevières, musique du chevalier d'Herbain [1], amateur fort distingué. L'ouverture est une véritable symphonie en ré majeur; l'allegro assai en C est écrit pour le quatuor, les hautbois, les cors et les « clarinets ». Il est essentiel de remarquer que les parties de clarinettes, qui soutiennent celles des hautbois, en sont nettement distinctes, ce qui n'arrivera guère que dix ans après dans la symphonie proprement dite. Suit un andante à 2/4 qui ne fait usage que des cordes, puis un presto où le rôle des clarinettes est analogue à celui qu'elles avaient dans le premier mouvement :

---

[1] *Célime, ballet en un acte représenté par l'Académie royale de musique le 28 sept. 1756.* — Aux adresses ordinaires. — Opéra (partition autogr. et grav.). Cons. (part. grav.).
  Le chevalier d'Herbain naquit à Paris en 1734 et y mourut le 28 mai 1768. Il fit jouer à Rome et à Florence plusieurs opéras qui paraissent perdus. Le Cons. a de lui un opéra-comique, *Nanette et Lucas* (1764) et un Recueil d'airs extraits de son opéra *Lavinie* et dédié au prince Louis-Eugène de Wurtemberg, sans compter quelques ariettes. — La B. N. possède de lui *6 Sonates de clavecin avec un violon ou une flûte d'accompagnement* (Vm⁷ 1943). (Cf. Fétis, IV, 298. — Eitner, V, 114).
  La symphonie du chevalier d'Herbain qui fut jouée au Concert Spirituel du 8 décembre 1756 (*Mercure*, janvier 1757, I, 205), pourrait bien être celle de *Célime*. Dans cet opéra comme dans Haydn, les clarinettes marchent le plus souvent avec les cors.

La partition gravée indique des clarinettes en ré, mais la partition manuscrite porte les mêmes parties transposées pour des clarinettes en fa. Quelques pages plus loin, on trouve une ariette accompagnée par des « clarinets en mi bémol » (p. 72) :

Ainsi la *Célime* du chevalier d'Herbain marque un réel progrès dans l'instrumentation, parce que des instruments nouveaux y sont mis en valeur d'une façon très indépendante; il resterait à savoir où le chevalier avait appris cet art, s'il avait assisté aux concerts de Passy, ou si des exemples venus de Rome et de Florence l'avaient incité à développer son orchestration.

En 1757, Gossec affirme avoir placé deux cors et deux clarinettes obligés dans un air composé pour les débuts de Sophie Arnould; l'assertion est difficile à vérifier; les manuscrits autographes de Gossec ne renferment rien de pareil et nous savons simplement que Sophie Arnould débuta dans le divertissement des *Amours des Dieux*, de Mouret par un air détaché commençant par ces mots : « Charmant Amour » [1].

Gossec aurait également, en 1760, placé des cors et des clarinettes dans l'air : « Tristes Apprêts », que l'on avait joué dans un acte d'*Orphée* sur le théâtre de La Pouplinière. Cette date nous paraît visiblement erronée, puisque Rameau avait quitté la maison n'entretenait plus de rapports avec La Pouplinière depuis 1754; il n'a pu en tout cas manifester son enthousiasme à propos de cette innovation, dont il avait lui-même fait usage en 1751. C'est là un point où les souvenirs de Gossec nous paraissent particulièrement suspects. Rameau comptait encore utiliser les clarinettes dans son opéra des *Boréades* qui était en répétition à l'Opéra en septembre 1764. Une partition manuscrite à la Bibliothèque nationale porte la note suivante : « S'il y a des clarinettes, elles joueront les parties des violons et les bassons celles des basses qu'il faudra néanmoins copier partout [2]. »

Nous ne suivrons pas après cette date le développement de la clarinette dans la musique de théâtre; notre effort doit se porter sur la musique symphonique. Il faudra du reste un certain temps avant que la clarinette soit rangée couramment parmi les autres instruments de musique. Ancelet écrit en 1757 : « Les cors de chasse plaisent encore

---

[1] *Almanach des Spectacles*, 1759, 136. Pour les rapports entre Sophie Arnould et le fermier général, voir *La Pouplinière et son temps*.
[2] Vm⁷ 397, p. 5. Signalé par L. de la Laurencie : *Quelques documents sur J.-Ph. Rameau et sa famille*, p. 52, 53 (Tirage à part, 1907, gr. in-8°).

davantage, quand ils accompagnent les clarinettes, instruments ignorés jusqu'ici en France et qui ont sur nos cœurs et sur nos oreilles des droits qui nous étoient inconnus. Quel emploi nos compositeurs n'en pourroient-ils pas faire dans leur musique ! [1] » Ainsi Ancelet, pourtant bien renseigné sur les concerts de La Pouplinière, ignore encore cette innovation ; de même Favart qui est au courant des choses de musique, n'en fera pas état dans ses Revues avant 1760. La première mention de la clarinette apparaît dans le *Supplément à la soirée des boulevards*, un acte joué à la Comédie Italienne le 10 mai 1760 [2] : le chaudronnier Racle, escorté de deux ménétriers de la Courtille, veut faire de la musique, « puisque tout le monde s'en mêle. » Il entend débuter par une ariette sur un papillon : « Sais-tu bien qu'il me faut pour accompagner ce Papillon un premier et un second violon, un alto, des clarinettes, basses, contrebasse et flûteau, sans compter les cors de chasse ? [3] »

* *\
*

Il nous reste à étudier l'emploi et les progrès de la clarinette dans la musique de chambre et dans la musique religieuse. C'est le 26 mars 1755 seulement qu'on entend pour la première fois une symphonie de Stamitz « avec clarinets et cors de chasse » [4] ; en avril 1757, le Concert Spirituel donne plusieurs symphonies avec clarinettes, dont une entre autres de Filippo Ruggi, la *Tempête suivie du calme*, ou la *Nova Tempesta*, qui a échappé à toutes nos recherches [5] : « tous les jours de la Semaine Sainte les clarinettes jouèrent seules ». C'est ensuite un silence assez prolongé, puis voici, en avril 1760, « plusieurs symphonies de clarinettes et cors de chasse très bien exécutées » [6]. Le 1ᵉʳ novembre 1761, on entend une symphonie de Schencker avec cors et clarinettes [7]. Telles sont les auditions essentielles qui nous amènent à la fin de la période primitive.

Si nous essayons d'autre part de reconstituer la musique correspondant à ces concerts, la tâche devient fort ardue. En effet, les symphonies de Stamitz ont été publiées avec des cors et des hautbois ; celles de Ruggi semblent avoir disparu ; celles de Schencker sont des trios. Pour rencontrer des parties de clarinettes, il faut arriver aux œuvres III et IV de Beck (1762 et 1767), aux œuvres III de Toeschi [8] et Holtzbauer, vers 1765. Seul Gossec est beau-

coup plus riche sous ce rapport : on trouve des parties de clarinettes dans une *Symphonie périodique a più stromenti* (nᵒ 38) publiée par La Chevardière en 1761, dans des six symphonies de l'op. V, vers 1762. Mais les fragments les plus intéressants se rencontrent dans la *Messe des morts*, écrite en 1760 et publiée par souscription en 1780. Aux concerts de la Semaine Sainte, en avril 1762, on joua le *Dies Irae* avec cors, clarinettes et timbales. « Dans ce dernier morceau le public a distingué le couplet *Mors stupebit et natura*, où les timbales font beaucoup d'effet [1]. » Dans le fragment connu de ses mémoires, Gossec s'attribue avec quelque vraisemblance l'honneur d'avoir le premier réuni les trombones aux cors et aux clarinettes. « Il fit connaître l'effet des trombones dans un orchestre de deux cents musiciens. » Le *Tuba mirum* réunissait trois trombones, quatre clarinettes, quatre trompettes, quatre cors et huit bassons, c'est-à-dire la première utilisation complète des bois et des cuivres. Gossec emploiera les mêmes instruments dans ses autres oratorios, comme la *Nativité*, le *Te Deum*. (Voir Gossec, *Messe des morts*, page 20).

Si l'œuvre de Gossec nous présente des parties fort caractéristiques de clarinettes, comment se fait-il que les autres musiciens contemporains soient moins riches sous ce rapport ? Peut-on trouver des raisons à l'indigence signalée plus haut ? Oui, dans une certaine mesure. Les parties de clarinettes, comme celles de cors, sont souvent publiées *ad libitum* et vendues séparément, ce qui peut expliquer parfois leur disparition ; les plus anciennes qui se soient présentées à nous sont en général manuscrites et rien ne les annonce ni dans le titre même des œuvres ni dans les catalogues, mais il faut chercher des raisons plus profondes et plus musicales. M. Riemann a fait observer avec raison que si Stamitz et la plupart des symphonistes de Mannheim n'ont pas écrit de parties de clarinettes, c'est que cet instrument s'employait à la place des hautbois ou à l'unisson avec les hautbois. En 1751, l'*Encyclopédie* écrit simplement : clarinette, sorte de hautbois, voyez l'article hautbois, où d'ailleurs la clarinette est passée sous silence ; une description raisonnée de l'instrument n'apparaît que dans le Supplément publié en 1776. Dans la pratique même, l'étude des textes montre cette substitution des instruments les uns aux autres que nous considérons comme un des procédés essentiels de l'instrumentation au XVIIIᵐᵉ siècle. En août 1760, l'éditeur J.-B. Venier publie le IIᵒ recueil des symphonies de Vari Autori : *La Melodia Germanica* (Stamitz, Richter, Stamitz, Wagenseil, Stamitz,

---

[1] *Observations*, 33.
[2] *Théâtre*, t. IV.
[3] *Id.*, p. 17.
[4] *Mercure*, mai 1755, 181.
[5] *Id.*, mai 1757, 197, 199.
[6] *Id.*, avril 1760, II, 206.
[7] *Id.*, décembre 1761, 200.
[8] Cons. : *Recueils de symphonies*, 1, 14.

[1] *Mercure*, avril, II, 187. — Cf. Brenet, *Concerts*, 197. — La *Messe des morts* fut jouée treize fois pendant la Révolution. Gossec la remania et la réduisit pour la faire exécuter aux obsèques de Grétry. Cf. la très intéressante lettre à Panseron du 12 octobre 1814, publiée par M. Tiersot : *Riv. Mus. Ital.*, t. XVIII, 568.

Gossec.

Messe des morts

Nᵒ VIII. Tuba Mirum.

Kohaut). Le catalogue de la collection indique : « con oboi, flauti, o clarini obligati ». Puis le titre avertit qu'à défaut des clarinettes on pourra se servir des hautbois, flûtes ou violons ; ce sont les indications que portent les parties ; il n'est plus question de clarinettes. Ce simple procédé nous renseigne à la fois sur la rareté de l'instrument et sur la façon de l'utiliser, laquelle s'est prolongée fort avant dans le siècle, puisqu'en 1774 par exemple Davaux publie deux symphonies concertantes op. V, dont les parties portent la mention : Oboe primo o clarinetto. Dans les œuvres V, VI, VIII de Gossec les parties de clarinettes sont le plus souvent identiques à celles des hautbois [1]. Nous avons publié un document établissant d'une façon très nette cette analogie de rôle ; nous croyons utile de le reproduire ici : il s'agit du deuxième mouvement de la cinquième symphonie de l'op. XII de Gossec, 1769 (mi ♭ majeur). Les mêmes parties écrites pour des clarinettes en si ♭ sont transposées pour les hautbois deux pages plus loin :

Mais il y a plus encore : supposons que les hautbois après les clarinettes fassent défaut ; leurs solos seront confiés à de simples violons et cette éventualité doit être assez fréquente, puisqu'elle est prévue dans les parties gravées ; la symphonie 6 de l'op. III de Beck (1762) porte la mention : « Faute d'hautbois les violons joueront les solos. » On pourrait énumérer de nombreux exemples de ce genre ; ils nous font saisir ce procédé tout mécanique de substitution des instruments et expliquent un peu l'indigence de la littérature primitive pour clarinettes.

Cette indigence du reste ne s'étend qu'à la période 1751-1762. Après la mort de La Pouplinière, le rôle de la clarinette devient plus important, comme si les meilleurs instrumentistes avaient été soudain libérés, pour prodiguer leurs talents dans Paris ; nous savons en tout cas que Gaspard Procksch, Flieger, Schencker passèrent au service du prince de Conti. Dorénavant les auditions vont se multiplier [1].

La Borde écrit en 1780 : « La clarinette est connue en France seulement depuis une trentaine d'années [2] », ce qui nous reporte à la date de l'apparition vers 1750. Koch dans son *Musikalisches Lexikon* (1802) [3] en fait remonter l'emploi courant à 1770 environ. Ces deux indications semblent parfaitement exactes.

A partir de 1762, la clarinette reçut une sorte de consécration officielle : le roi accorda au régiment des Gardes Suisses une musique composée de quatre bassons, quatre cors de chasse, quatre hautbois et quatre clarinettes [4].

Pour la date d'introduction des clarinettes dans la chapelle du roi, on trouve de précieuses indications dans la collection manuscrite des *Motets* de Blanchard, rassemblée en février 1788 par Marc-François Beche, ordinaire de la musique de la Chambre et pensionnaire de Sa Majesté. En 1757 Blanchard avait composé un motet à grand chœur avec symphonie sur le psaume XXXIII : *Benedicam dominum* ; Beche y ajoute la note suivante : « On observera que dans le récit de haute-contre : *Benedicam dominum*, feu M. Blanchard avait substitué des clarinettes dans tous les passages où les hautbois y jouaient seuls. C'est environ en l'année 1767 qu'on a fait servir des clarinettes à la chapelle du roi, ainsi que des cors de chasse. On a remarqué que dans ces susdits passages, les clarinettes faisoient meilleur effet que les hautbois [5]. » Voici un de ces passages écrit pour deux violons, deux hautbois et clarinettes et B. C. :

---

[1] Les 6 symphonies à 10 parties obligées, op. II, publiées par Bodé chez Huberty indiquent : flûtes, hautbois ou clarinettes. Toutefois la 3ᵉ symphonie comporte deux parties de clarinettes en si ♭. — Remarquons d'ailleurs que la réciproque est vraie : en novembre 1766, Valentin Rœser publie chez Venier six symphonies avec hautbois obligés et cors ad libitum. « Faute de hautbois, les flûtes pourront suppléer. » Cf. *Mercure*, nov. 1766, 172.

Même remarque pour les 6 symphonies op. I, de Moulinghem, à quatre parties obligées, hautbois et cors ad lib., exécutées au Concert Spirituel en 1770. « Les parties de hautbois peuvent être exécutées par deux flûtes ou deux clarinettes » (Cf. *Mercure*, mars 1770, 186).

3.

[1] Gossec, *loc. cit.*, rapporte qu'à la même époque la guerre de Sept Ans fit affluer beaucoup de clarinettistes en France et surtout à Paris.
[2] *Essai sur la musique*, I, 249.
[3] P. 332.
[4] R. Hardy : *R. Kreutzer*, 1910, in-8º, p. 9.
[5] Vm¹ 1323, p. 550. Blanchard mourut le 10 avril 1770.

Ce fut encore l'Opéra qui mit le plus de temps à admettre les clarinettes ; en 1750 l'orchestre ne comprenait avec le quatuor que les hautbois, les bassons et une trompette (Caraffe II) ; c'est en 1770 seulement qu'on voit apparaître dans les Etats de l'orchestre deux clarinettes à 600 livres.

En même temps les auditions qui se multiplient au Concert Spirituel nous montrent qu'après La Pouplinière et le prince de Conti, de nombreux amateurs entretenaient des clarinettes et des cors. « Le 21 avril 1767, dit le *Mercure*, les clarinettes, cors de chasse et bassons de la musique de S. A. S. Mgr le duc d'Orléans ont exécuté plusieurs morceaux de symphonie. Un ensemble heureux et peu commun.... voilà ce qui caractérise les artistes que nous annonçons et la musique qu'ils ont exécutée [1]. » Le passage est fort important, puisqu'il fixe la date des premières compositions symphoniques pour instruments à vent. En 1769, pendant la Semaine sainte, deux clarinettes de la musique du cardinal de Rohan exécutent différents morceaux [2] ; enfin au concert du 2 février 1772 apparaît le premier concerto pour clarinette de Stamitz, exécuté par Baer [3]. A partir de ce moment l'âge héroïque de la clarinette est terminé ; elle a conquis droit de cité et les compositeurs ne se priveront plus de ses sonorités rares et brillantes : on pourra entendre de nombreux concertos pour cet instrument ou de charmants quatuors comme ceux d'Abel.

C'est également à partir de 1762 que l'on commence à publier des méthodes et des ouvrages théoriques pour la clarinette. Le premier en date nous paraît être, en janvier 1764, l'*Essai d'instruction à l'usage de ceux qui composent pour la clarinette et le cor avec des remarques sur l'harmonie à deux clarinettes, deux cors et deux bassons*, par Valentin Rœser, musicien de M. le prince de Monaco (à Paris, chez Le Menu) [4].

En 1772 (d'après Fétis), Francœur donne son *Traité général des voix et des instruments d'orchestre* où il consacre un long article à la clarinette (p. 18 et suiv.). Nous en indiquerons rapidement les principaux points, afin de rappeler l'étendue et les ressources de l'instrument au XVIIIᵐᵉ siècle. La clarinette est un instrument en buis dont les espèces les plus usitées sont en la, en si ♭, en si naturel, en ut, et en ré. Les petites clarinettes ou clarinettes aiguës sont en fa et en mi ♮. Toute espèce de clarinette a trois registres :

1° De mi à la 12ᵉ si♭ *Tons ou sons chalumeaux*, lesquels présentent une analogie avec ceux du basson.

2° De si♮ à la 9ᵉ, ut : *Clarinette* ou *Clairon*, registre analogue à celui du hautbois.

3° De ut♯ à *la : Sons aigus :*

Francœur donne ensuite d'intéressants renseignements sur la *manière de travailler pour deux cors et deux clarinettes* : (p. 51).

« Lorsqu'on veut faire des quatuors entre deux clarinettes et deux cors, ordinairement les clarinettes font les parties de 1° et 2° dessus, tandis que le 1° cor fait (dans les simples accompagnements) la partie que ferait la quinte dans les quatuors d'instruments à cordes et le 2° cor fait celle de basse fondamentale ; mais s'il y a des traits dans les clarinettes que l'on veuille faire répéter aux parties des cors, alors les clarinettes font les parties d'accompagnement qui auront été faites par les cors. »

Ces principes se trouvent appliqués à la même époque dans de nombreux airs ou pièces arrangés pour deux clarinettes, deux cors ou deux bassons. Gaspard Procksch, l'un des premiers spécialistes, avait publié dans ce genre un quatuor qui semble avoir disparu. Il fait paraître, à partir de 1773, ses *Recueils d'airs en duo pour deux clarinettes ou deux cors* dont on trouvera quelques exemples dans la seconde partie de cet ouvrage. En 1770 et 1771, V. Rœser publie une série de *Divertissements militaires* pour deux clarinettes, deux cors et basse [1]. En 1776, Tissier, de l'Opéra, donne une suite d'airs en mi ♭ arrangés pour deux clarinettes, deux cors ou deux bassons [2], en 1777, c'est le *Premier recueil de douze airs d'harmonie* pour deux clarinettes, deux cors et un basson par Vitzthumb [3] ; en 1783, les *Pièces d'harmonie* pour deux clarinettes, deux cors et deux bassons, par Ozi, musicien du duc d'Orléans [4]. On pourrait multiplier les exemples de ce genre.

En dehors des œuvres originales, les transcriptions deviennent nombreuses : les *Affiches de Paris* annoncent qu'au Concert Spirituel du 29 mai 1766 « Messieurs les musiciens de S. A. S. Mgr le prince de Conti exécuteront sur les clarinettes, les cors et les bassons, plusieurs morceaux de Rameau [5]. » Il s'agit probablement de différentes symphonies d'opéra ou d'airs de ballet dans lesquels on avait remplacé les flûtes ou les hautbois par des clarinettes.

De 1769 à 1773, Gossec utilisa les clarinettes et les cors

---

[1] Mai 1767, 190.
[2] *Mercure*, Avril 1769, II, 144
[3] Mars 1772, 159.
[4] *Affiches de Paris*, 1764, p. 26. — Roeser publia en février 1762 son op. 1 : *Six sonates à trois ou avec tout l'orchestre*, dédiées au prince de Monaco. (*Mercure*, 1762, 155.)

[1] *Mercure*, juillet 1771, I, 179.
[2] Avril, II, 165.
[3] Novembre 1777, 171.
[4] Juin 1783, 203. Citons encore à la même époque les duos de clarinettes de Salis, le concerto de Rosetti à clarinette principale, quatuor et cors.
[5] P. 419.

dans le Concert des Amateurs à l'hôtel Soubise : « Ce concert composé d'un orchestre formidable (40 violons, 12 violoncelles, 8 contrebasses, flûtes, hautbois, clarinettes, trompettes, cors et basses, etc.), réunissait les plus habiles artistes de Paris dans toutes les parties. Ce fut pour ces concerts que M. Gossec composa ses grandes symphonies avec l'emploi de tous les instruments à vent. » On peut dire qu'entre 1762 et 1770 la clarinette se répand partout ; de 1753 à 1763, le compositeur Barbandt donne des symphonies avec clarinettes au théâtre de Haymarket à Londres [1] ; J.-C. Bach les emploie dans son opéra d'*Orione* (19 février 1763) [2], Haydn dans le *Roi Lear* et dans ses symphonies, Mozart en 1764, dans une symphonie manuscrite [3].

Le 3 décembre 1773, Mozart écrit de Mannheim : « Ah ! si seulement nous avions des clarinettes ? Vous ne vous imaginez pas quel effet magnifique fait une symphonie avec des flûtes, des hautbois et des clarinettes [1]. » Enfin l'instrument apparaît dans l'orchestre de Dresde en 1782, dans l'orchestre de la cour, à Vienne, en 1790.

* * *

Nous publions pages 24, 25, un andante de Gossec, écrit pour deux clarinettes, deux cors, deux bassons. Cet andante appartient à une symphonie écrite tout entière pour les mêmes instruments et renfermée dans les *manuscrits autographes* de Gossec, à la Bibliothèque du Conservatoire (musique instrumentale). Cette œuvre n'est pas datée, mais elle doit se placer vers 1776, époque où Gossec composa de nombreuses pièces de ce genre pour le prince de Condé à Chantilly. On trouvera d'autres renseignements dans le catalogue de la musique instrumentale de Gossec dressé ci-après.

𝄞

LES CORS

Nous ne consacrerons pas une longue notice à la question des cors de chasse qui a trouvé dans ces dernières années de nombreux historiens [4]. Il nous appartient plutôt de rechercher comment l'orchestre du fermier général a vulgarisé l'emploi du cor vers 1750.

Gossec écrit en 1810 que « l'usage des cors dans les orchestres n'est connu en France que depuis soixante ans environ », c'est-à-dire que La Pouplinière en aurait fait venir d'Allemagne vers 1740.

Il importe de bien s'entendre sur le sens du mot *corno di caccia* ; on connaissait au XVIIme siècle en France le cor ou trompe de chasse en ré, sans tons de rechange, et ne donnant pratiquement dans les fanfares que les sons naturels suivants :

Dans la première moitié du XVIIIme siècle paraît une abondante littérature pour deux cors ou deux trompes :

citons entre autres l'op. VII de Corrette, *Divertissement* pour deux cors de chasse ou trompes, les *Pièces pour deux cors* de Naudot en 1733, les 25 *Menuets* pour deux cors du même Naudot en 1742, les *Fanfares nouvelles* à deux dessus sans basse, convenables pour le cor de chasse, par M. Rebours, hautbois des mousquetaires noirs, sans compter de nombreuses pièces de circonstance, telles que les *Fanfares* à deux cors données à Saint-Cloud à l'occasion de la naissance du duc de Bourgogne.

L'instrument utilisé dans les concerts de La Pouplinière est le *cor d'harmonie*, que le catalogue de Boisgelou appelle le petit cor allemand, et dont le tuyau sonore est allongé ou raccourci à volonté au moyen de pièces mobiles appelées tons de rechange ou corps de rechange. Ce perfectionnement même du cor soulève des questions assez délicates ; à quel moment et par qui a-t-il été apporté ? on donne souvent la date de 1753, qui paraît bien tardive. Il semble certain qu'avant l'invention des tons de rechange, applicables à un même instrument, les facteurs ont fabriqué des cors dans plusieurs tons. Francœur, en 1772, distingue des cors en ut, mi ♭ et ♮, en fa, en sol, en la, en si ♭ et ♮ [2]. Le manque de documents iconographiques ne nous

[1] Pohl, II, 108.
[2] Pohl, I, 72. Pohl note qu'en 1753 on donnait à Londres pendant les entr'actes, des auditions de « clarinettes et de cors français ».
[3] Köchel, n° 18.
[4] Outre Lavoix, Gevaert, cf. les études spéciales de H. Kling : *Giovanni Punto, corniste*, S. I. M. 1908, 1066-1082. — *Le cor de chasse*, *Riv. Music. Ital.* 1911, 95-136. — La Laurencie et St-Foix. *Symphonie française*, 43, 59, 60 et passim.

[1] *Lettres*. — Ed. H. de Curzon, Paris, 1888, in-8°, p. 275, signalé par C. Mennicke, *loc. cit.*
[2] *Traité*, p. 36 et suiv.

GOSSEC : *Andante pour 2 Clarinettes, 2 Cors, 2 Bassons.*

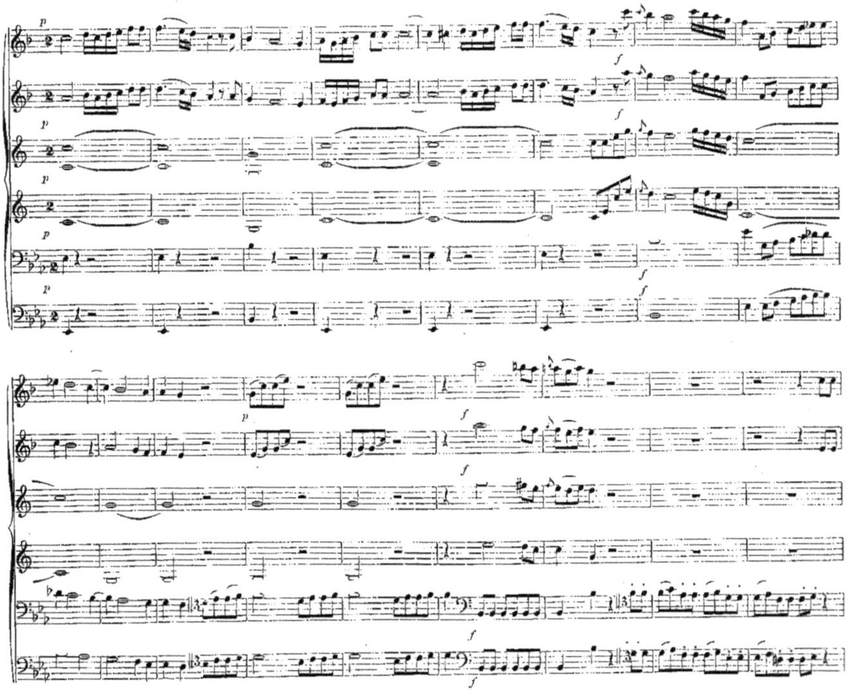

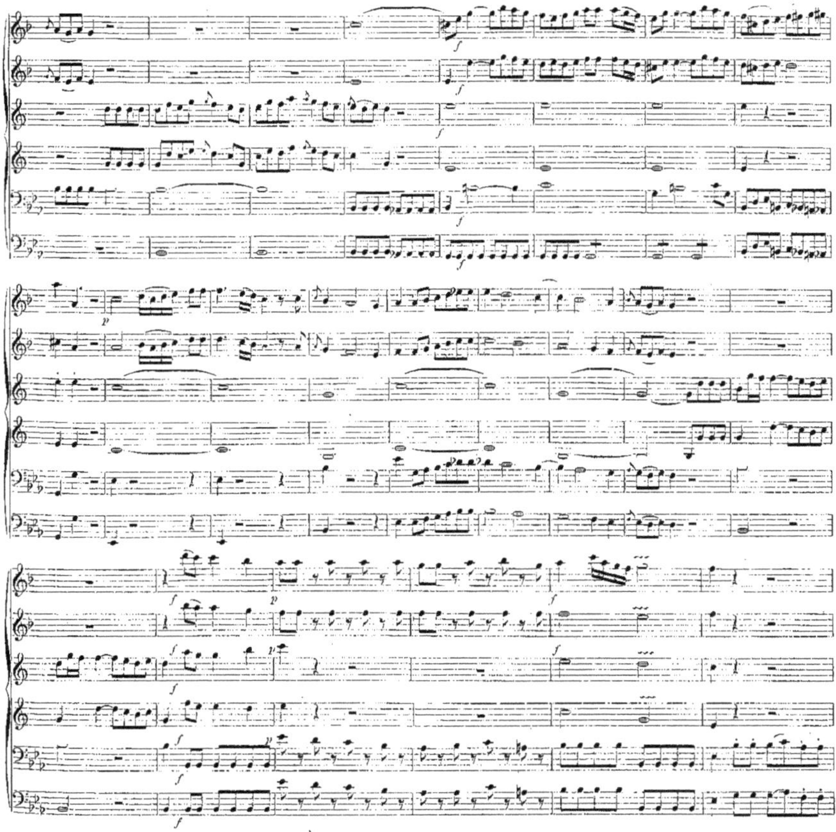

permet pas de préciser la nature des cors dans l'orchestre du fermier général.

Quoi qu'il en soit, c'est bien d'Allemagne que vinrent les premiers cornistes de La Pouplinière. Le cor avait été employé de bonne heure par Bach [1], par Händel [2], dans la symphonie allemande et autrichienne [3].

A quel moment les cors d'harmonie entrèrent-ils dans l'orchestre de La Pouplinière : il est difficile de fournir une réponse précise, mais il est probable que le *Mercure* fait allusion à eux, lorsqu'il signale que « deux nouveaux cors de chasse allemands » jouent des symphonies de Guignon en décembre 1748 [4] et en septembre 1749 [5]. A partir de cette date, deviennent plus fréquentes les auditions de symphonies pour cors de chasse ou avec cors de chasse, que l'on a signalées avant nous [6]; on entend même jusqu'à des spécialistes, comme M. Ernst, Allemand qui, le 6 avril 1751, « joue seul un concerto à deux cors de chasse de la composition de M. Schifer [7]. »

Nous manquons malheureusement d'états de musiciens pour cette période ; la présence des deux cornistes chez La Pouplinière est prouvée à partir de 1753 par les mémoires de son neveu, M. de Cheveigné; le fait même que celui-ci ne les signale pas comme une nouveauté permet de les identifier avec ceux de 1749. Le *Mercure* nous livre leur nom : le 16 avril 1754, après une symphonie de Jommelli, MM. Syryyneck et Steinmetz jouèrent un concerto de cors de chasse [8]. Le nom bizarre de Syryyneck reste une énigme ; quant à celui de Stamitz ou Steinmetz, nous avons montré qu'on pouvait l'appliquer à un cor de chasse de Dresde, comme peut-être à un corniste qui, sous le nom de Slamitz, habitait encore rue du Chantre en 1765 [9].

L'*Etat de Paris* pour 1757 signale, dans la liste des instrumentistes, « les deux cors de chasse de M. de la Pouplinière » [10], et deux autres cors, Carlin et Coriolan. L'*Etat* de 1759 indique : Hébert, Peria, Slamitz, Grillet, Carlin, Raoux. Nous reconnaissons en Peria et Grillet deux solis-

tes du Concert Spirituel; Carlin et Raoux « fabriquent des cors de chasse et enseignent à sonner les fanfares et les autres airs de chasse. » Les *Etats* de 1761 et 1765 donnent les mêmes renseignements.

Si la personnalité des cornistes est peu nette, leur rôle dans le renforcement de l'orchestre symphonique n'est pas douteux. L'emploi de l'instrument se précise entre 1750 et 1754; le nombre des spécialistes augmente; lorsque Jean Stamitz arrive, il n'a plus qu'à utiliser ces ressources dans un sens plus nuancé et plus expressif.

A la même époque, les allusions au cor de chasse deviennent plus fréquentes dans la littérature musicale. Vers 1750 on trouve plusieurs contredanses portant les titres de : *Cor de chasse* [1], *Le nouveau cor de chasse* [2]; en 1751 Favart fait jouer à la Comédie-Italienne les *Indes dansantes*, parodie des *Indes galantes;* dans la troisième entrée : le Turc généreux, figure un duo sur l'air : *Cor de chasse allemand* et dont voici les premières mesures [3] :

En dehors de ces exemples un peu extérieurs, il est assez difficile de reconstituer les premières « symphonies à cors de chasse » jouées à Paris. Nous avons perdu, semble-t-il, celles de Guignon et de J.-J. Rousseau ; souvent le compte rendu des auditions ne nous transmet pas le nom du compositeur.

La bibliothèque de M. Henry Prunières renferme plusieurs concertos de cor correspondant à la période 1750-1760 et dont l'analyse rapide va nous montrer ce qu'on pouvait alors attendre de cet instrument et de ce genre.

[1] Cf. Pirro, 239.
[2] R. Rolland, 196 (Emploi du cor en 1720 dans *Radamisto*).
[3] Cf. la symphonie de Monn (1740). — *Dkm. der Tk. in Oesterreich*, XV, 2. Sur le rôle et la sonorité des cors, cf. Mattheson : *Das neu-eröffnete Orchestre*, 267.
[4] *Mercure*, décembre 1748, II, 181.
[5] *Mercure*, octobre 1749, 197.
[6] Brenet, La Laurencie et St-Foix, passim. — Nous rappelons les faits les plus importants : audition de symphonies à cors de chasse le 24 décembre 1751, le 2 février 1752, le 2 mai, le 23 mai (Symphonie de M. Rousseau de Genève), le 19 avril 1753 (exécution par Peria et Grillet). Après 1755, ce sont les publications de symphonies ou de recueils de symphonies avec cors de chasse.
[7] *Mercure*, mai 1751, 187, 190.
[8] *Mercure*, mai 1754, 182.
[9] *Tableaux de Paris*, 1759, 1765.
[10] P. 175.

[1] Recueil de contredanses, Vmᵉ 3643.
[2] Leclerc, 3ᵉ recueil de contredanses, Vmᵗ 6783.
[3] *Théâtre*, t. l, p. 20.

C'est d'abord un *Concerto* (manuscrit) *a tromba di caccia e solo con violini e basso e viola*, portant la mention « 1753, n° 3 originale » : allegro où le cor (en ut) débute par des batteries, avant de s'affirmer dans un solo ;

Corno s°

Viol. 1°

Viol. 2°

B.

puis adagio où le cor se tait ainsi qu'il était d'usage ; finale où il amène un motif assez pimpant en forme de rondeau :

SOLO

Tout cela est assez honnête ; beaucoup plus intéressant est un *Concerto a corno di caccia solo con due violini e viola e basson* [1].

Dès le début de l'allegro, nous trouvons des passages où s'affirme la virtuosité des instrumentistes, analogues sans doute à ceux qui valaient aux Peria, Grillet, Steinmetz les applaudissements du Concert Spirituel :

Dans le menuet le chant est réservé au 1° violon, mais dans le trio l'alto se tait, pendant qu'un beau solo de cor se fait entendre :

En somme tous ces concertos donnent au cor un rôle analogue : il a rarement ses thèmes particuliers, mais se contente en général de doubler ou de répéter ceux du premier violon ; il s'agit surtout d'exercices de virtuosité et les compositeurs ne savent pas encore dégager le rôle expressif de l'instrument. Il faudra attendre, à la fin du XVIIIᵐᵉ siècle, la grande école des Punto et des Duvernoy.

Nous avons vu que vers 1760 les auditions de cor étaient

[1] Ms. — Concerto en ré majeur portant la mention « Viani cadet ». Mêmes constatations dans un *Concerto à quatre* (cor. 2 violons et basse) : Allegro italianisant avec des traits difficiles ; andante en forme de rondeau, allegro.

devenues fréquentes au Concert Spirituel et qu'en somme le cor était entré dans le domaine courant ; on s'en sert comme d'un instrument indispensable dans les simples ariettes ; en février 1758, le journal l'*Echo* [1] publie une ariette avec accompagnement de quatuor, deux cors et deux flûtes ; en 1759, dans sa spirituelle Revue intitulée : *Le retour de l'Opéra-Comique*, Favart parle d'une « ariette charmante à grande symphonie avec des cors de chasse, des hautbois, des bassons, des flageolets, des timbales [2]. » A partir de 1760, la collection de l'*Echo* renferme de nombreux airs ou menuets pour deux clarinettes ou deux cors de chasse.

* * *

Nous n'avons étudié jusqu'ici le développement du cor que dans la musique symphonique. La question du théâtre, qui en est indépendante, semble plus délicate : Gossec s'attribue le mérite d'avoir introduit les cors à l'Opéra, lors des débuts de Sophie Arnould en 1757 ; c'est là une assertion qui demande à être examinée de près.

En effet on rencontre des parties de cor dès 1735 dans *Achille et Déidamie* de Campra. Voici par exemple une marche en rondeau pour les chasseurs [3] :

Cors de chasse et violons

B. C.

Rameau introduit les cors (en ut) dans la *Danse*, troisième entrée des *Fêtes d'Hébé*, 1739. Une copie ancienne de la Bibliothèque Nationale porte cette note manuscrite accompagnant la musette en rondeau et le chant des bergers amoureux d'Eglé : « Ces cors ne sont pas absolument obligés, non plus que ceux qu'on a ajoutés aux airs suivants, mais ils ne peuvent pas nuire dès qu'ils ménagent leurs sons de manière à ne point couvrir l'orchestre [4]. »

Enfin Rameau utilise encore les cors dans *Acante et Céphise* et cette fois de la façon la plus décisive : il emploie deux cors en ut dans l'ouverture, deux cors en fa dans l'interlude placé entre le deuxième et le troisième acte. Le rapprochement de cette instrumentation avec les auditions de 1749 au Concert Spirituel ne saurait laisser de doute sur l'identité des cornistes qui sont bien ceux de La Pou-

[1] L'Echo ou Journal de musique française, italienne, à Liège, in-4°.
[2] Acte joué à la Foire St-Laurent le 28 juin 1759 — Théâtre, t. VIII.
[3] P. 97 de la partition, in-f° obl.
[4] Ed. Durand, p. 350.

plinière [1]. Nous prenons donc Gossec en flagrant délit
d'inexactitude sur ce point; il est de plus évident que ce
n'est point Stamitz qui a conseillé au fermier général l'usage
des cors.

La même année Favart emploie le cor de chasse dans
une scène entière des *Amants inquiets*, parodie de *Thétis et
Pélée* [2];

(*Le cor de chasse joue le commencement de l'air suivant*) :
Air : *Ah! que la forêt de Cythère.*

> Que le cor au loin dans la plaine
> Porte le son
> D'un si beau nom.

Avec le chœur et le cor :

> Tontaine, Tontaine, Tonton.

Après cela, que Gossec ait utilisé les cors dans les airs
de 1757, la chose est fort naturelle, mais il est inexact
d'affirmer que pendant les neuf années qui suivirent, il ne
fut plus question de cors ni de clarinettes : Rameau a en
effet introduit des cors dans les *Boréades* en 1764.

Il est en tout cas certain, auquel Gossec fait
peut-être allusion, c'est que les cornistes manquaient à
l'Opéra et qu'on était obligé d'en faire venir comme sujets
extraordinaires. H.-M. Berton écrit dans ses *Souvenirs de
famille :* « On n'avait, proprement parlant, que des trombes
de chasse qui ne pouvaient exécuter facilement que dans
les tons d'*ut* et de *mi naturel* et surtout dans leur ton
favori, celui de *ré* et n'y faisoit jamais entendre que la
Tonique, la *Médiante* et leurs répliques à l'octave. Quelques
fois on hasardoit de leur faire donner la *surtonique* ou
second degré, mais ces passages étoient réservés pour les
virtuoses [3]. » Remarquons que Berton exagère singulière-
ment, en affirmant que tous les instruments à vent en
France étaient d'une faiblesse désespérante; tels passages
de Gossec ou de Rameau font au contraire honneur aux
musiciens de La Pouplinière. Gossec de son côté dit qu'à
l'Opéra les fanfares de chasse étaient rendues « par six ou
huit hautbois et par autant de bassons. »

La collection de l'*Almanach des spectacles* et celle de
l'*État actuel de la musique du Roi et des trois spectacles de
Paris* permettent de préciser très exactement les dates d'in-
troduction des cors dans les théâtres. C'est à la Comédie
Italienne qu'ils figurent en premier lieu, dès 1751, avec
Hébert et Saï. Ils apparaissent en 1752 au Concert Spiri-
tuel, avec « Hébert et son camarade », en 1754 à l'Opéra-
Comique avec Ebert et Beauplan. L'*État* de 1759 indique

simplement Ebert [1] comme « donnant du cor [2] » à l'Opéra;
mais, dès 1760, on y trouve deux cornistes attitrés : Ebert
et Grillet, tous deux portés dans le *Tableau de Paris*. C'est
à la Comédie-Française que les cors font leur plus tardive
apparition : les cornistes Mozer et Sieber figurent seulement dans l'orchestre en 1763. Lors de l'édit du 22 août
1761, qui amena la fusion de la Chapelle et de la Chambre
du Roi, les cornistes étaient ainsi répartis [3] :

Cors de chasse à la musique du Roi : Molidor, Gelineck.
— au Concert Spirituel : Grillet, Blondin.
— à l'Opéra : Ebert, Grillet.
— à la Comédie-Italienne : Dargent, Stamitz [4].
— à l'Opéra-Comique : Chindelaret.
— chez La Pouplinière ; Schencker, Louis.

Autres cors de chasse chez le prince de Conti, chez le
duc de Villeroy (peut-être les frères Pfeiffer qui s'étaient fait
entendre au Concert Spirituel en 1739), et chez le comte
de Clermont.

Gossec attribue enfin à Philidor et Monsigny l'honneur
d'avoir introduit les cors à l'Opéra-Comique en 1759 et
1760, ce qui est inexact, puisqu'ils figurent au moins à partir de 1754 dans les pièces jouées à la Foire.

* * *

Le cor d'harmonie semble avoir subi une évolution analogue à celle de la clarinette; après la mort de La Pouplinière on l'utilise de plus en plus et, jusqu'à la fin du siècle,
c'est le règne des virtuoses. Le premier en date et le plus
célèbre fut Rodolphe, le musicien du duc Charles-Eugène
de Wurtemberg, qui « surprit et enchanta par les concertos de sa composition » exécutés au Concert Spirituel
le 19, le 20, le 21 et le 23 avril 1764 : « On ne craint pas
de dire que jusqu'à ce qu'on l'eût entendu, on ne croyoit
pas possible de rendre sur cet instrument, comme le fait
M. Rodolphe, toutes les difficultés d'une musique savante,
les intonations les plus difficiles avec le son le plus flatteur
et les cadences de la plus belle voix [5]. »

En 1768 le même Rodolphe publie avec beaucoup de succès : 24 *fanfares* pour deux cors de chasse à l'usage des écoliers ; il appartenait alors à la musique du prince de Conti [6].

---

[1] Cf. Laloy, 217 et suiv.

[2] *Théâtre*, I, 35. — On entendit probablement dans cette scène Hébert
et Saï, les deux cornistes engagés précisément en 1751 à la Comédie
Italienne.

[3] S. I. M. 15 juin 1911, p. 45.

[1] *Spectacles*, 130. Hébert et Ebert ne doivent être qu'un même personnage.

[2] P. 37.

[3] *État de la musique du Roi*, 12, 33, 95.

[4] L'*État* de 1761 donne Shnithz; celui de 1759 et le *Tableau de
Paris* écrivent Stamitz.

[5] *Mercure*, mai 1764, 194. — Remarquons que le cor de chasse n'apparaît dans le catalogue Breitkopf qu'en 1764 : cette année-là sont
annoncés deux recueils de six duos pour deux cors et un concerto de
Graun à cor de chasse obligé, hautbois, violons et basse.

[6] *Mercure*, octobre 1768, II, 173.

En avril 1770, le *Mercure* écrit : « M. Seikgeb, premier cor de chasse de S. A. S. Mgr l'archevêque de Salzbourg a donné deux concertos avec tout l'art possible. Il tire de cet instrument des intonations que les connaisseurs ne cessent d'entendre avec surprise. Son mérite est surtout de chanter l'adagio aussi parfaitement que la voix la plus moelleuse, la plus intéressante et la plus juste pourroit faire [1]. »

A partir de 1770 commencent à paraître des recueils périodiques pour cor de chasse : Miroglio annonce en 1771 trois recueils de *duos* de différents auteurs pour cors de chasse [1]; l'ample collection de Gaspard Procksch les suivra de près.

Nous ne nous attacherons pas plus longtemps au développement du cor de chasse. A cette date il est sorti de la période un peu hésitante des débuts pour triompher au concert et dans les théâtres ; l'arrivée à Paris du célèbre Giovanni Punto mit le comble à sa gloire. Rappelons que l'op. I de Punto : *I⁰ Concerto pour Cor principal*, exécuté au Concert Spirituel et à celui des Amateurs, parut chez Le Menu et Boyer en 1783.

LA HARPE

La harpe est un des instruments qui possèdent l'histoire la plus longue et la littérature la plus considérable ; nous ne toucherons bien entendu à l'une et à l'autre que dans la mesure où elles intéressent l'orchestre de La Pouplinière et nous nous efforcerons ainsi d'apporter quelque contribution à l'évolution de la harpe au XVIIIᵐᵉ siècle.

On sait que l'origine de la harpe est fort ancienne, qu'elle fut connue dans l'antiquité et fort appréciée au moyen âge ; au XIVᵐᵉ et au XVᵐᵉ siècle, il y avait des « harpeurs » à la cour de France et à la cour de Bourgogne [2]. A la fin du XVIIᵐᵉ et au début du XVIIIᵐᵉ siècle, la harpe est pour ainsi dire extérieure à l'orchestre, c'est-à-dire qu'elle s'emploie plutôt comme une allusion historique, et qu'elle apparaîtra par exemple toutes les fois qu'il faudra évoquer la lyre d'Orphée. Elle est d'ailleurs d'usage courant [3] : Sébastien de Brossard en fait usage

[music notation]

Harpe ou basse de viole pincée

Et les sons pétillants des

[music notation with text:] har-pes é-cla-tan-tes se per-

dont dans les vas-tes airs.

dans la quatrième de ses six cantates françaises, *les trois Enfans de la fournaise de Babylone ;* le passage est écrit « pour une haute-contre seule avec un accompagnement de deux violons ou deux flûtes avec une basse continue au moins, à quoy l'on pourra joindre si l'on veut des trompettes, des hautbois, des harpes, etc. [2]. »

---

[1] *Mercure*, mai, 164.
[2] Brenet : *Musique et musiciens de la vieille France*, 1911, in-16, p. 9.
[3] En 1675, à Bâle, on danse des menuets au son des harpes et des violons. Cf. Bruno Hirzel : *Ein elsässischer Reisebericht*, Zeitschrift d. I. M. G., XII, 157.

[1] *Avant-Coureur*, 1771, 644.
[2] B. N. Vm⁷ 164, p. 53. — Déjà signalé par H. Lavoix, 223.

La harpe est d'un usage plus fréquent en Allemagne qu'en France ; Händel l'emploie par exemple dans *Jules César* en 1724[1] :

Mais il s'agit avant tout de savoir à quel genre de harpe nous avons affaire au début du XVIIIᵐᵉ siècle[2]. C'est la harpe sans mécanisme ni pédales dont les cordes, quel que soit leur nombre, ne peuvent jamais donner qu'un son[3].

[1] *Händel-Gesellschaft*, t. LXVIII, p. 52.
[2] Nous ne possédons pas encore de véritable histoire de la harpe. J'ai consulté spécialement les introductions ou préfaces de :
Ph.-J. Meyer : *Essai ou méthode sur la vraie manière de jouer de la harpe*, op. I. — Paris, La Chevardière, 1763, in-fᵒ.
Winter : *Versuch einer richtigen Art die Harfe zu spielen*. Berlin, 1772 in-4ᵒ.
J.-G.-H. Backofen : *Anleitung zum Harfenspiel*. — Leipzig, s. d. (1801) in-4ᵒ.
Mᵐᵉ de Genlis : *Nouvelle méthode pour apprendre à jouer de la Harpe*. — Paris, s. d., (1806), in-fᵒ [2ᵉ éd.]. — *Mémoires*, édit. de 1825, I, 87 et suiv. — Cf. l'excellent article de M. Brenet : *Madame de Genlis musicienne*, S. I. M. 15 février 1912, 1-14.
A. Prumier : *Méthode de harpe*. — Paris, s. d., in-fᵒ.
G. Lyon : *Méthode de harpe*. — Paris, s. d., (1898) in-fᵒ.
[3] Cf. Mersenne : *Harmonicorum libri. Harmon. instrum.*, p. 68. La harpe qu'il décrit porte 75 cordes.

« Instrument si borné, écrit dédaigneusement Mᵐᵉ de Genlis, qu'on ne le connaissait qu'en Allemagne, dans les rues et dans les tavernes. » Elle revient sur le même sujet dans sa méthode de harpe : « La petite harpe sans pédales avec des cordes à boyaux est depuis des siècles d'un usage populaire en Allemagne. Il est bien extraordinaire que dans un pays où l'on aime autant la musique on n'ait pas songé plus tôt à perfectionner un instrument si agréable. Apparemment que profané si longtemps dans les rues et les guinguettes, il a été dédaigné parce qu'il était avili. »

En réalité, dès les premières années du siècle, on avait travaillé au perfectionnement d'un instrument si rudimentaire. Ce fut, paraît-il, en 1710 que Hochbrucker, de Donauwörth, inventa la harpe à simple mouvement et à cinq pédales : cet instrument accordé en fa naturel avait cinq pédales de si ♮, fa ♯, do ♯, sol ♯, ré ♯, qui agissaient sur les cordes au moyen de crochets. Cette invention se répandit à travers l'Europe, mais assez lentement. Burney note qu'en 1772 on ne connaissait pas encore à Vienne la harpe à pédales. Un passage fort intéressant des *Elementa Musica* de van Blankenburg prouve qu'on en faisait usage en Hollande en 1720 : « La harpe, qui n'eut point jusqu'en ces temps de tons intermédiaires, vient de sortir de cet état d'infériorité en permettant de rendre tous les tons chromatiques aussi bien qu'un clavecin.

« Lorsque j'entendis pour la première fois la harpe ainsi perfectionnée, j'avoue que je fus ébahi. M'étant approché du joueur, j'examinai l'instrument avec des yeux d'aigle, mais sans parvenir à comprendre où gisait ce mécanisme merveilleux. Enfin je lui demandai s'il m'était permis de savoir par quel miracle il effectuait tous ces changements de tons. Il eut la bonté de me dire que la partie supérieure de la harpe renfermait de petites pattes qui, mises en mouvement, opéraient sur les cordes comme les doigts sur le violon et permettaient au joueur de la hausser d'un demiton. Pour parvenir à ce résultat, certains mécanismes étaient placés dans l'intérieur du bois, de façon à correspondre avec le dessous de l'instrument et au moyen du pied, les petites pattes recevaient l'impulsion voulue. Le virtuose ajouta que c'était son père nommé Hohebrasken qui avait inventé cet instrument. Espérons qu'il sera imité par d'autres et que son éloge se transmettra à travers les âges[1]. » Il faut peut-être voir dans Hohebrasken le nom déformé de Hochbrucker. Dans les années qui suivirent, de nombreux luthiers ou musiciens revendiquèrent l'honneur d'une découverte qu'ils avaient simplement exploitée ; Burney rapporte que les pédales ont été

[1] Van Blankenburg. *Elementa musica....* — La Haye, 1739, in-4ᵒ, 134-135. — Traduction de Van der Straeten, *La musique aux Pays-Bas*, I, 62.

inventées à Bruxelles en 1757 par Simon, lequel vivait encore en 1772 [1].

* * *

L'introduction de la harpe à pédales en France nous intéresse directement, puisqu'il paraît hors de doute que les premières auditions en ont eu lieu aux concerts de La Pouplinière. L'*Organographie* de Pontécoulant [2] et la méthode de Prumier attribuent, sans références, l'introduction de cet instrument en 1740 à un musicien allemand nommé Strecht. Je n'ai jamais rencontré ce nom ni dans les journaux, ni dans aucun annuaire du XVIIIme siècle.

La première audition de la harpe à pédales se place en 1749 ; au Concert Spirituel du 25 mai, « M. Goepffem, allemand, a joué de la harpe et a été fort applaudi [3]. » Quelques documents inédits nous permettent de restituer son vrai nom à ce musicien qu'au XVIIIme siècle on appelle indifféremment Geopffem, Göpffer, Keipher, Gaiffre, Köpfer et qui se nommait en réalité Georges-Adam Goepffert. Il est probable qu'il était déjà en 1749 au service de La Pouplinière, qui semble l'avoir pris en spéciale amitié. Le 3 avril 1751, par devant Me Thouvenot, notaire, comparaissent :

« Georges-Adam Goepffert, musicien, demeurant à Paris, rue de Richelieu, paroisse Saint-Roch, majeur, fils de feu Adam Goepffert, musicien à Franconie, en Allemagne et de Dorothée Schleiger, sa femme à présent sa veuve, — et Anne-Barbe Halm, veuve de François-Joseph Printemps, demeurant à Paris, rue de Cléry.... lesquels en la présence de l'avis et conseil d'Alexandre-Jean-Joseph Le Riche de La Pouplinière, écuyer, l'un des fermiers généraux de Sa Majesté leur amy » se font donation de tous leurs biens en propriété. La fortune des conjoints s'élevait à la modeste somme de 4000 livres ; le contrat porte la signature de La Pouplinière [4]. Les *Tableaux de Paris* de 1759 à 1765 indiquent comme unique professeur de harpe un Keipher aux Quinze-Vingts, qui n'est autre que notre Goepffert. Le graveur J.-G. Wille écrit dans son Journal à la date du 12 juillet 1761 : « J'allai avec toute ma famille à Passy pour y dîner chez M. Köpfer, un des musiciens de M. de la Poplinière, fermier général [5]. » Ainsi Goepffert, après avoir habité rue de Richelieu, passait l'hiver dans son logement des Quinze-Vingts et la saison d'été à Passy. Après la mort de La Pouplinière, les scellés enregistrent, le 21 mars

[1] Burney, II, 47.
[2] De Pontécoulant : *Organographie*, 1861, in-8º, I, 220.
[3] *Mercure*, 1749, juin, II, 178.
[4] Minutes Thouvenot ; Me Fauchey, successeur. — Voir aussi Arch. Seine : Registre de donations nº 168, 19 mai 1751.
[5] *Journal*, Ed. Duplessis, 1857, in-8º, p. 173.

1763, l'opposition de Georges-Adam Goepffert, musicien, demeurant quai des Célestins chez le sieur Lefébure ; l'état des appointements note qu'il reçoit 200 livres par mois. A partir de cette date, les renseignements se trouvent fort dispersés, Goepffert n'ayant jamais figuré dans la musique du roi ni dans aucun spectacle ; le *Mémoire signifié pour Peters et Miroglio* en 1767 [1] indique Goepfen comme professeur de harpe.

Enfin, les *Tablettes de renommée des musiciens* en 1785 portent la mention : Guebffer, excellent maître de harpe. — Nous ne savons s'il s'agit encore du même personnage, dont le nom semble disparaître après cette date. Mme de Genlis nous apprend que c'était un fort brave homme et qu'on l'avait surnommé le roi David.

Grâce à Mme de Genlis, le talent et les découvertes de Goepffert sont mieux connus que sa vie même. « Deux frères nommés Gaiffre ont inventé les pédales il y a environ soixante ans [1762] avec la même mécanique employée depuis par Salomon, Nadermann, Louvet et longtemps par MM. Cousineau père et fils.

Ces deux frères, d'une probité et d'une bonté parfaite, mais d'une extrême simplicité, ne tirèrent aucun parti pour leur fortune de cette ingénieuse invention.

Gaiffre l'aîné fut à Paris pendant plusieurs années le seul joueur de harpe ; il était bon mécanicien et grand musicien, mais il jouait mal de la harpe ou pour mieux dire il n'en jouait pas : il préludait en formant des accords d'une excellente harmonie, mais sans passages brillants et sans exécution. Ses premiers écoliers furent MM. de Beaumarchais et de Monville, qui ne jouèrent point de pièces et qui se bornèrent à accompagner des romances. Ainsi Gaiffre, quand je l'ai connu, n'avait fait encore que quatre ou cinq harpes qu'il avait modestement vendues avec cette nouvelle invention, 20 et 25 louis [2]. »

Que faut-il retenir de ce récit ? Goepffert avait-il véritablement inventé les pédales ou simplement apporté en France une invention qu'il avait pu voir appliquée en Allemagne ? La question est difficile à résoudre. Il est intéressant de remarquer que Goepffert était originaire de Franconie et que Donauwörth, patrie des Hochbrucker, se trouve précisément sur les confins de la Franconie et de la Souabe ; Goepffert se trouvait donc bien placé pour connaître l'invention de Hochbrucker et en profiter. En fait, si Goepffert apparaît longtemps à Paris comme le seul professeur de harpe, personne, à part Mme de Genlis, ne semble avoir gardé le souvenir de sa découverte. Ph.-J. Meyer, dans sa méthode publiée en 1763, rappelle que la harpe à pédales est connue en France depuis un petit nombre

[1] B. N. 4º Fm 25687.
[2] *Méthode*, p. 2.

d'années seulement, que le nombre des maîtres est fort restreint et qu'aucun d'eux n'a jugé à propos de publier des principes sûrs. Winter, en 1772, n'est pas plus explicite, et Backofen, en 1801, se déclare incapable de préciser qui a apporté des perfectionnements à la harpe avant Krumpholtz.

Goepffert lui-même avait porté son invention à la connaissance du public, dans la *Feuille nécessaire* du lundi 24 septembre 1759 : « Le sieur Goepffert, musicien allemand, après un travail de plusieurs années, est parvenu à organiser la harpe à simple rang de cordes. Cet instrument était autrefois très imparfait, par le défaut de dièses et de bémols. Il lui a donné toute la perfection dont il paroit susceptible au moyen d'un ouvrage méchanique qu'il a inventé, qui se touche avec les pieds, comme les pédales, et dont on se sert pour former les demi-tons. Cette invention, jointe au son moëlleux qui était déjà naturel à la harpe, lui donne, de l'aveu des connoisseurs, un avantage remarquable sur tous les autres instruments à cordes, pour figurer dans la musique, tant vocale qu'instrumentale, aussi bien que pour exécuter seul des Sonates et des Pièces de clavessin. Telle est du moins la prétention du sieur Goepffert, qui fait et vend des Harpes de différentes grandeurs, et qui enseigne ceux qui veulent apprendre à en jouer. Ses talens commencent à mettre en vogue un instrument négligé ou plutôt oublié depuis longtemps. Sa demeure est à Paris, dans l'Enclos des Quinze-Vingts, en entrant par la porte de la rue Saint-Honoré, à droite, dans le Bâtiment neuf[1]. »

Nous manquons malheureusement de documents iconographiques correspondant à cette période. Les *Tableaux des Mœurs* de La Pouplinière renferment une gouache exécutée vers 1750, et représentant une sérénade donnée par des femmes au maître du logis; au premier plan se trouve la harpiste; mais le dessin n'indique pas si la harpe est pourvue de pédales. On trouvera un renseignement intéressant dans un tableau de Louis-Michel van Loo, daté de 1769, et représentant une Allemande jouant de la harpe; la harpe est vue de trois quarts; on distingue fort nettement deux pédales pour le pied gauche[2].

Quels que soient la part et l'honneur de Goepffert dans cette invention, un fait est incontestable : c'est qu'il fut le premier à la populariser au Concert Spirituel et aux séances de La Pouplinière. C'est le château de Passy qui renferma pendant quelques années les seules personnes capables de jouer de la harpe. Mᵐᵉ de Genlis y arriva le 24 juin 1759 et y resta vraisemblablement jusqu'à la fin d'août;

elle entendit jouer de la harpe au concert, se prit d'une « passion démesurée » pour cet instrument et commença bientôt à travailler de longues heures avec Goepffert.

Un autre musicien de La Pouplinière, Schencker, outre ses attributions de corniste, jouait aussi de la harpe et fut le premier à faire paraître des trios pour la harpe. « Goepffert avait en tout quatre ou cinq écoliers, parmi lesquels se trouvaient M. de Monville et Mᵐᵉ Saint-Aubin qui tous ne savaient faire que quelques agréments pour s'accompagner en chantant. » On sait que le jeune Beaumarchais, à la même époque, essayait, à l'instar de son maître Goepffert, d'apporter quelques perfectionnements au mécanisme de la harpe. Mᵐᵉ de Saint-Aubin, née Thérèse Goermans, fille d'un facteur de clavecins et femme d'un commissaire des guerres, fut la maîtresse en titre de La Pouplinière de 1753 à 1758; intelligente, adroite, elle savait flatter le maître en jouant de l'orgue, du clavecin ou de la harpe. Quant à M. de Monville, maître des eaux et forêts, ce fut toute sa vie un grand amateur de musique et un fidèle de La Pouplinière.

Nous ne raconterons pas les rapides progrès que fit Mᵈᵉ du Crest, grâce à une « étude de huit ou neuf heures par jour », ni comment elle dépassa vite son maître, assez mauvais exécutant, paraît-il. Elle parvint à utiliser le petit doigt de la main droite et à se servir également de la main gauche[1]. « Comme il n'y avait de gravé pour la harpe que quelques niaiseries de Gaiffre[2], je me mis à jouer des pièces de clavecin et bientôt les plus difficiles, les pièces de Mondonville, de Rameau et ensuite de Scarlatti, d'Alberti, d'Händel, etc.... [3] » Mᵐᵉ de Genlis provoqua une admiration générale et la harpe devint l'instrument à la mode : « Comme j'étais la seule personne jouant des pièces sur la harpe, ces succès d'amateurs eurent beaucoup d'éclat. Toutes les jeunes personnes, toutes les femmes voulurent jouer de la harpe et prirent Gaiffre pour maître; son frère alors se remit à faire des harpes, mais avec peu d'ouvriers, faute de fonds; Gaiffre l'aîné commençait en attendant ses écolières sur de petites harpes sans pédales. Salomon et Louvet profitèrent de cet engouement pour la harpe, ils en fabriquèrent une énorme quantité, en imitant parfaitement la mécanique de Gaiffre. Ce dernier, loin d'en être fâché, s'applaudissait bonnement de la célébrité que son invention acquérait. Enfin, disait-il, cela prend, et il en était très flatté. Tandis qu'il se consumait à donner des leçons, Salomon s'enrichissait rapidement à ses dépens. Pour rendre les harpes plus sonores, il imagina de les faire

---

[1] *La Feuille nécessaire*, chez Lambert, 1759, p. 519. — Signalé par M. Brenet, *loc. cit.*

[2] Coll. de la duchesse de Polignac. — Cab. des Est. Db 33.

[1] Cf. sur ce point Mᵐᵉ de Genlis : *Adèle et Théodore ou Lettres sur l'éducation*, Paris, 1782, in-8º, I, lettre XI.

[2] Nous n'avons pas trouvé traces de ces œuvres.

[3] *Mémoires, loc. cit.*

plus grosses et plus grandes, elles avaient véritablement un beau son, mais elles étaient embarrassantes et désagréables à jouer. Enfin il les fit dorer; on n'avait vu jusque là que de petites harpes brunes; ces harpes colossales et dorées donnèrent une grande considération à l'instrument même, d'autant plus que Salomon les vendait 50 et 60 louis, il y en eut un débit prodigieux [1]. »

* * *

Comme le remarque M. Brenet, Mᵐᵉ de Genlis exagère fort en s'attribuant le monopole de la harpe vers 1760. A travers ses bavardages, il convient de retenir le rôle important qu'a joué le salon de La Pouplinière dans le développement de la harpe. La place d'honneur réservée à cet instrument, dans la gouache que j'ai mentionnée plus haut, montre bien que le fermier général lui accordait une spéciale attention [2]. Désormais la harpe n'apparaîtra plus dans l'orchestre comme un simple souvenir historique, comme une touche de couleur locale; la délicatesse de sa sonorité lui réserva un rôle important : elle aura sa littérature.

Le nom de Goepffert tomba vite dans l'oubli; dès 1761, il fut remplacé par celui de Christian Hochbrucker, parent de l'inventeur, qui parut au Concert Spirituel en 1760 et 1761, pendant la semaine sainte. « Le Concert Spirituel, dit Favart, a attiré un grand concours pendant cette quinzaine; un Allemand joueur de harpe a exécuté sur cet instrument les morceaux les plus difficiles, avec tout le goût possible; le plaisir qu'il inspirait allait jusqu'à l'ivresse. La harpe est aujourd'hui l'instrument à la mode; toutes nos dames ont la fureur d'en jouer [3]. »

Ph.-J. Meyer se fit entendre aux Tuileries en 1762 [4]; il publia comme op. I une bonne méthode de harpe en 1763, et en 1767 Six Divertissements pour harpe et violon, op. 2. La même année, voici les premiers recueils de menuets de Bauerschmidt arrangés pour harpe et clavecin [5]. En 1776, paraissent les op. I et II de Francesco Petrini, l'un des compositeurs les plus féconds dans ce genre [6]; il publie dans le courant de 1774 son op. IV : Divertissement pour

---

[1] Méthode, p. 2. Cf. Essai sur les arts. Bibl. de Nancy, Ms. 1238.
[2] En 1762 Mᵐᵉ de La Pouplinière avait dans son cabinet de toilette une harpe par Goepffert. — Notons en 1760 la présence d'une harpe à pédales chez la comtesse du Rumain, l'amie de Casanova, des Saints-Pères. (Affiches, 647.) Dans une lettre à Mˡˡᵉ Volland du 2 août 1760 (Ed. Assézat et Tourneux, XVIII, 438) Diderot s'extasie sur une audition de harpe que le comte Oginski donna à Mᵐᵉ d'Epinay et à lui-même. Oginski passe pour avoir aussi perfectionné la harpe à pédales vers 1760; sa réelle compétence lui valut en tout cas l'honneur de rédiger l'article : « Harpe » dans l'Encyclopédie (t. VIII, 1765, p. 56).
[3] Favart, Mémoires, 1808, I, 147 (1ᵉʳ mai 1761).
[4] Cf. Brenet, Concerts, 270.
[5] Av. Cour., 1767, 627.
[6] Id., 1771, 420.

---

harpe, flûte, violon et basse, ses op. VII et VIII [1], des recueils de petits airs arrangés pour la harpe et des préludes en différents tons; le second recueil est dédié à Mᵐᵉ de Genlis. Notons que l'op. X de Petrini : 4ᵘ Livre de sonates pour la harpe avec accompagnement de violon ad libitum, renferme une sonate à la mélodie facile intitulée : La Genlis :

A partir de 1760, des morceaux pour harpe apparaissent dans les journaux de musique, recueils, « récréations ». Le plus ancien que nous ayons rencontré se trouve dans le journal l'Echo en août 1760 (p. 4). C'est une chanson avec accompagnement de harpe dont voici les premières mesures :

Enfin, à la même époque, J.-B. Miroglio publie ses suites des Amusements des dames pour harpe, forte-piano ou clavecin avec violon ad libitum.

Tels sont les noms les plus importants qui se présentent successivement; à côté d'eux, on rencontre de nombreux recueils factices ou anonymes, renfermant surtout des arrangements.

Nous ne savons si les frères Goepffert poursuivaient pendant ce temps le perfectionnement de leur harpe; d'ailleurs beaucoup d'autres, Hochbrucker, Louvet, Beaumarchais et bientôt Krumpholtz y travaillèrent à la fois. Backofen raconte qu'avant Krumpholtz la harpe était un instrument bien imparfait. Il acheta à Lyon une harpe avec mécanisme de fer-blanc qui se rouilla et finit par se briser [2]. Vers 1780 la harpe était accordée en mi ♭;

---

[1] Mercure, juillet 1774, I, 181. A partir de 1760, Simon publie une série de recueils de petites pièces arrangées pour la guitare ou la harpe.
[2] Backofen, p. 2. — En 1772 Francœur décrit ainsi la harpe (p. 84) : « La harpe est montée de 42 cordes qui procèdent diatoniquement depuis le fa le plus grave jusque au ré le plus aigu du clavier. Pour le ♮ une pédale raccourcit la corde et l'élève d'un demi-ton. Pour le ♭ on prend simplement le ♯ équivalent. » Accord en mi ♭; impossibilité des passages chromatiques.
En 1780 les Cousineau remplacèrent dans le mécanisme les crochets par des béquilles.

outre les pédales indiquées plus haut, elle en avait deux autres de la ♮ et mi ♮, soit sept pédales. Il serait intéressant de comparer l'école formée par Krumpholtz avec celle que Goepffert dirigeait chez La Pouplinière ; Mme de Genlis cite parmi ses élèves Amélie de Boufflers, Mlle d'Orléans, Mlle Navoigille.

Enfin, en 1787, Sébastien Erard inventa la harpe à double mouvement, où des pédales à deux crans d'arrêt permettaient à chaque corde de donner trois sons différents.

Nous n'avons pas à insister sur cette dernière invention qui n'appartient pas à notre sujet. Nous avons essayé de montrer comment la harpe avait trouvé pour ses transformations un champ d'expérience chez La Pouplinière,

comment le château de Passy avait rassemblé la première école de harpe à pédales qui existât en France entre 1750 et 1760. De 1760 à 1770 l'emploi de l'instrument se vulgarise ; il fait ses débuts à l'Opéra en 1774 avec l'*Orphée* de Gluck où il accompagne de la façon la plus expressive les supplications adressées par Orphée aux dieux infernaux. Désormais le nombre des documents iconographiques permet d'étudier la harpe en détail. Ses origines au contraire restent obscures, précisément parce qu'elle ne sort pas toute faite des mains d'un inventeur de génie, mais parce que beaucoup d'artisans peu connus y travaillent chacun de leur côté. C'est une période sur laquelle nous avons encore beaucoup à apprendre.

℘

TROMBONES

Gossec est le seul à indiquer l'existence de trois trombones dans l'orchestre de La Pouplinière ; aucun document ne vient confirmer cette assertion, ni dans les pièces d'archives, ni dans la musique symphonique de l'époque qui est fort dépourvue de parties écrites pour cet instrument.

Le trombone, l'ancienne sacquebute du moyen âge, semble avoir été d'un usage plus fréquent au XVIIme qu'au commencement du XVIIIme siècle [1]. On le rencontre souvent dans la musique instrumentale allemande publiée entre 1670 et 1700 [2]. Mattheson dans son *Neu-eröffnete Orchestre* s'extasie sur « die Prächtigstthönende Posaune [3]. » On sait que le trombone apparaît fréquemment dans les œuvres de J.-S. Bach [4].

Il faut arriver jusqu'aux œuvres de Gossec pour en découvrir dans la musique française. « En 1762 M. Gossec donna pour la première fois sa *Messe de Mort* où il fit connaître l'effet des trombones dans un orchestre de deux cents musiciens. Ces instruments inconnus et cette réunion de deux cents artistes d'élite étaient alors une double nouveauté pour Paris. Dans les deux strophes *Tuba Mirum* et *Mors stupebit et natura* de la prose des morts, on fut effrayé de l'effet terrible et sinistre de trois trombones

réunis à quatre clarinettes, quatre trompettes, quatre cors et huit bassons cachés dans l'éloignement et dans un endroit élevé de l'église, pour annoncer le jugement dernier, pendant que l'orchestre exprimait la frayeur par un frémissement sourd de tous les instruments à cordes. A cet effet terrible succéda bientôt dans l'orchestre un effet doux, suave et consolateur, produit par la réunion des flûtes aux clarinettes et cors dans le cantabile : *Spera in Deo* [1]. » Nous avons donné plus haut un fragment de ce *Tuba Mirum*, conforme du reste à la description intéressante du compositeur : c'est le seul exemple que nous connaissions à l'époque même de La Pouplinière. Gossec avait-il vraiment entendu des trombones venus d'Allemagne chez le fermier général, ou peut-être quelques années auparavant à la cathédrale d'Anvers ? La chose est assez difficile à préciser. On retrouve les mêmes instruments dans d'autres oratorios de Gossec, la *Nativité*, le *Te Deum;* mais il ne les emploiera pas dans sa musique symphonique avant 1789 [2].

* *

Reste la question des trombones au théâtre, où Gossec s'attribue l'honneur de les avoir introduits, lors de la représentation de *Sabinus* en 1773. « Ce fut pour la première fois qu'on entendit à ce théâtre les trombones et pour la seconde fois que les clarinettes réunies aux cors et aux

---

[1] Cf. Mersenne, *loc. cit*, p. 110. On distinguait au XVIIe siècle dans la trombone une famille de quatre instruments : deux dessus, une voix moyenne et une basse.
[2] Cf. par exemple les Suites ou Sonates de J.-H. Schmelzer (1662) et de Daniel Speer (1685).
[3] P. 266.
[4] Pirro, *J.-S. Bach*, p. 240.

[1] Gossec, *loc. cit.*, 221.
[2] Les symphonies composées pour le Concert des Amateurs ne comportent pas de trombones.

trompettes. Mais comme il n'existait alors à l'Opéra qu'une grande trompette de cavalerie sonnée par un homme qui n'était pas musicien, il fallut pour l'exécution de *Sabinus* faire fabriquer des trompettes dans différents tons et pour sonner appeler deux musiciens allemands (les deux frères Braun). Les mêmes y embouchaient aussi les trombones avec le transylvain Lowitz. Pour les clarinettes on appela Ernest et Scharf allemands. Tous ces nouveaux musiciens demeurèrent attachés à l'Opéra [1]. »

Or la partition autographe de *Sabinus* ne porte aucune mention des trombones, ce qui est assez troublant, mais ce qui n'infirme pas tout à fait les souvenirs de Gossec, puisque les trombones ont pu être employés accessoirement, pour renforcer les basses. On peut se demander si Gossec n'a pas cherché à s'attribuer une innovation dont Gluck eut l'honneur à l'Opéra ; il nourrissait une vive jalousie à l'égard de son rival trop heureux ; il écrivait en 1780 : « Je n'ai même pas l'espoir de produire un ouvrage sur la scène, tant que M. Gluck la tiendra : *Sabinus* fut éclipsé par lui ; *Iphigénie en Tauride* m'est enlevé par lui ; *Thésée* fixé à l'hiver prochain, sera renvoyé à deux ans par lui [2]. » En réalité on ne voit pas figurer les trombones dans l'orchestre avant 1774 [3] ; le 19 avril Braun joue la

---

[1] *Loc. cit.*, 223, 224.
[2] Autogr. de la coll. Malherbe, *Revue mus.*, 1904, 325, 326.
[3] Cf. Lajarte : *Introduction des trombones dans l'orchestre de l'Opéra*, dans la *Chronique mus.*, VI, 1874, 75-79.

partie de trombone d'*Iphigénie* ; le 2 août Mozer et Sieber, cornistes de métier, tiennent avec lui les parties de trombones d'*Orphée*. Jusqu'à la Révolution ces apparitions du trombone sont intermittentes ; l'État de l'orchestre au 1er juillet 1775 indique Louis l'aîné à la fois pour la contrebasse, le cor et le trombone. Les États de 1784 portent seulement : deux trombones et une trompette ; le 15 mai 1786, le Comité décide « qu'il sera donné 400 livres à M. Louis pour faire venir des trombones d'Allemagne. » A partir de 1791 l'emploi du trombone se généralise et on le rencontre désormais dans toutes les partitions.

On voit que l'introduction du trombone dans les orchestres n'est pas plus claire que celle de la clarinette ou de la harpe. L'avenir nous fera connaître sans doute de nouveaux documents : c'est d'Allemagne que sont venus les trombones comme plusieurs autres instruments à vent ; il est donc fort possible qu'ils aient fait leur apparition chez La Pouplinière. Un fait reste incontestable : c'est qu'ils avaient été peu remarqués tant à ces concerts qu'aux auditions de la *Messe des Morts ;* leur introduction à l'Opéra est considérée comme un fait nouveau et l'*Almanach musical* peut écrire en 1781 : « M. Gluck a employé avec succès dans l'Orchestre des instruments qui produisent un effet très imposant. On appelle ces instruments tromboni : ils fournissent des sons nourris et pleins » (p. 62) [1].

---

[1] Sur les trombones dans Gluck, cf. Lavoix, 312 et suiv.

DEUXIÈME PARTIE

Etude sur les œuvres musicales de Gossec, Schencker et Procksch

4.

I

Les Symphonies de Gossec

Catalogue de la musique instrumentale de Gossec antérieure à la Révolution

Nous avons donné dans notre ouvrage sur La Pouplinière et dans les pages qui précèdent de nombreux détails sur la vie de Gossec, de 1734 et particulièrement de 1752 à 1762. Le rôle joué par ce musicien dans l'évolution de la symphonie française est assez important pour qu'il nous paraisse indispensable de dresser l'inventaire de son œuvre instrumental depuis son arrivée à Paris en 1752 jusqu'à 1789 [1]. C'est ainsi que les deux symphonies publiées ci-après apparaîtront dans leur véritable cadre et prendront toute leur valeur.

La mention de chaque œuvre sera accompagnée des premières mesures des symphonies qui le composent. C'est ce qui constitue à proprement parler un catalogue d'*incipit* et non, suivant la formule ordinaire, un catalogue *thématique*. Le véritable catalogue thématique est celui qui isole les thèmes, non dans les premières mesures, mais dans le corps même d'une symphonie, de la même façon que dans un des préludes de la *Tétralogie* on relèverait un certain nombre de leitmotive. — Sous sa forme restreinte d'*incipit*, un pareil catalogue est indispensable pour l'identification d'une symphonie.

En ce qui concerne l'ordonnance même de ce catalogue, nous nous écartons formellement de l'inventaire dressé par M. Riemann dans le premier volume des *Symphonistes de Mannheim*. Il nous paraît indifférent que Stamitz ou Gossec aient écrit dix symphonies en ut majeur ou trois symphonies en ut mineur. Grouper les œuvres écrites dans une même tonalité, c'est peut-être faciliter des recherches éventuelles, c'est négliger un ordre chronologique qui reste essentiel dans toute étude historique.

Dans le catalogue des *Denkmäler* les questions de dates sont presque complètement passées sous silence, et cela est fort grave dans l'état actuel de la musicologie; il est essentiel de savoir si telle symphonie a paru avant ou après le séjour de Stamitz à Paris, avant ou après la publication des premières symphonies de Haydn. Dans quelques années, quand l'inventaire de toutes les symphonies du XVIIIme siècle aura été dressé, on pourra insister sur les formes et leur rapprochement; pour l'instant, il s'agit de savoir ce que nous avons devant nous; avant d'analyser ces œuvres souvent fort complexes, il faut d'abord les mettre à leur place; l'étude restera pour ainsi dire extérieure à la symphonie elle-même [1].

Notre étude a porté presque exclusivement sur les bibliothèques parisiennes qui renferment à elles seules à peu près tout l'œuvre de Gossec; nous n'avons fait appel à l'étranger que pour les œuvres douteuses ou introuvables en France. On ne trouvera donc pas dans ce catalogue la désignation des « Fundorte » qui menaçait, comme beaucoup de recherches de ce genre, de rester incomplète. Il nous a paru qu'un premier travail sur un terrain neuf devait consister à établir la succession de l'œuvre, et l'état sommaire du matériel; les rapprochements et les identifications pourront venir par la suite.

---

[1] On a dressé jusqu'à ce jour quelques catalogues sommaires de l'œuvre de Gossec :

Eitner : IV, 311. — Fétis : IV, 63.

P. Hédouin : *Gossec, sa vie et ses ouvrages*, dans *Mosaïque*, Paris, 1856, in-8°, pp. 285 à 321. (Catal. p. 320).

F. Hellouin : *Gossec et la musique française à la fin du XVIIIe siècle.* Paris, 1903, in-16. (Catal. pp. 191-196.) — Les indications de Fétis et Hédouin sont fort brèves, celles de M. Hellouin renferment, outre leurs lacunes, les plus graves erreurs chronologiques.

MM. de la Laurencie et de St-Foix, *Symphonie française*, pp. 103-104, ont relevé les inexactitudes de Eitner et proposé une prudente chronologie que nous aurons souvent l'occasion de confirmer.

Le document essentiel qui nous servira de guide est la liste des œuvres I à XIII inclusivement que Gossec a dressée lui-même et fait graver sous le titre de son op. XIV (1769) [Cons. Recueil de musique instrum. n° 5]. — Dans la plupart des cas les dates sont fixées par le *Mercure de France*, l'*Avant-Coureur*, les *Annonces, affiches et avis divers*, l'*Almanach musical*. — Rappelons que Gossec, né en 1732, chantre à la cathédrale d'Anvers, entra vers 1751 au service de La Pouplinière, puis en 1763 dans l'orchestre du prince de Conti.

---

[1] Le souci de rester fidèle au numérotage des œuvres nous a conduit à faire figurer deux opéras-comiques de Gossec, dont nous donnerons la description sommaire et une musique de scène, dont nous ne possédons qu'un fragment.

Le catalogue suivant est divisé en trois parties : Symphonies publiées avec numéros d'œuvre. — Symphonies publiées sans numéros d'œuvre. — Musique instrumentale extraite des manuscrits autographes. — Il ne semble pas que Gossec ait dépassé l'œuvre XV qui est du mois d'avril 1772 ; les op. I à XV portent donc sur une vingtaine d'années. Dé 1772 à 1780 Gossec publie toutes ses grandes symphonies isolément ou dans des recueils factices qui les réunissent à celles de Haydn, J.-C. Bach, Toeschi, Vanhall, etc. Après 1780 il se consacre surtout à la musique vocale et au théâtre [1].

Première partie : ŒUVRE NUMÉROTÉ

Op. I.

Sei | sonate | a | due Violini e Basso | composte | del Francisco Gossei | di Anversa | op. I |

Prix 6 l. | gravé par Céron | à Paris chez *Le Clerc*, rue St-Honoré | et aux adresses ordinaires | avec privilège du Roi | — In-fᵒ, s. d.

[B. N. Vmᵀ 1241].

Date : 1754, d'après Fétis [1], 1752, d'après Choron et Fayolle [2].

Un renouvellement de privilège de l'éditeur Charles-Nicolas Le Clerc en 1765 semble bien prouver que l'op. I de Gossec parut douze ans auparavant, c'est-à-dire en 1753 [3]. En fait, comme nous le verrons, l'inspiration de ces symphonies reste purement italienne et le contraste qu'elles offrent avec d'autres œuvres de Gossec très mannheimistes montre bien qu'elles durent être composées avant le séjour de Stamitz chez La Pouplinière.

I La majeur
Allegretto

II Ré majeur
Adagio

III Fa majeur
Adagio

IV La majeur
Allegro assai

V Mi majeur
Allegro assai

VI Mi bémol majeur
Allegro moderato

Op. II et III.

Jusqu'à plus ample information, nous représenterons ces œuvres, qui manquent totalement aux bibliothèques parisiennes, par de simples notes chronologiques [2].

L'indication essentielle est donnée par les *Affiches, annonces et avis divers* du lundi 6 décembre 1756 (p. 757).

« Le sieur Gossei, Flamand, vient de faire paraître six *Symphonies* nouvelles de sa composition. Œuvre IIIᵉ. Prix 9 liv. Aux adresses ordinaires de musique. Son premier œuvre dont le prix est de 6 l. contient six *Trio* pour deux violons et basse et le second comprend six *Duo* pour deux flûtes ou deux violons et coûte 4 l. 4 s. »

La liste donnée par Gossec dans son op. XIV indique qu'il s'agit de six symphonies à quatre parties, soit six quatuors à cordes (publiés chez Ch.-Nicolas Le Clerc).

L'œuvre II se place donc entre 1753 et 1756, mais la presse périodique semble malheureusement avoir gardé le même silence pour l'op. II que pour l'annonce de l'op. I.

Op. IV

Sei | Sinfonie | a piu | stromenti | composte | da Fräcesco Giuseppe | Gossec | Prix 9 l | opera IV |

Gravées par Mᵐᵉ Bérault | à Paris | chez *M. de la Che-*

---

[1] Voici les principaux oratorios de Gossec que nous avons l'occasion de citer :
La Messe des morts, composée en 1760 ; audition du *Dies Irae* au Concert Spiritual du 1ᵉʳ novembre 1761 (*Mercure*, déc., 200). La messe fut exécutée dans l'Eglise des Feuillants. — Publiée en 1780 chez Henry (Cf. *Almanach musical* 1781, p. 171).
Christe Redemptor, motet, 1773 (*Mercure*, avril, I, 165).
La Nativité, Concert Spirituel du 24 décembre 1774 (*Mercure*, janvier 1775, 181). — Cf Brenet, *Concerts*, 305-307.
Te Deum, 1779 (*Mercure*, juin, 170) Cf. Brenet, 324.
O Salutaris, motet, 1782.
[2] Ces œuvres manquent également aux bibliothèques de Bruxelles, Darmstadt, Munich, Dresde et Vienne (Musikfreunde) où nous avons fait opérer des recherches.

---

[1] Qui paraît suivre la notice de La Borde, *Essai sur la musique*, t. III, pp. 428-430.
[2] *Dictionnaire historique des musiciens*, I, 283, 284.
[3] G. Cucuel : *Quelques documents sur la librairie musicale au XVIIIᵉ siècle.* Sammelbände der I. M. G., t. XIII, p. 390.

vardière, rue du Roule à la Croix d'or | aux adresses ordi-
naires | on vens les cors de chasses séparément 1 l. 4 s. |
A. P. D. R. — in-f° ; s. d.

[Le premier violon à la B. N., Vm⁷ 1892/

Parties de 2° violon, alto, basse, hautbois et cors au
Cons. Recueil de Symphonies n° 157. — Un double des
cors dans le Recueil 26. — Les flûtes manquent ; il en faut
peut-être conclure qu'elles doublaient les hautbois, suivant
un usage courant.]

Date : 12 mars 1759. *La Feuille nécessaire,* 1759, p. 71.

Bibliographie : La Laurencie et St-Foix, *Symphonie française,* 103-108. Eitner indique 3 *Duos* de Darmstadt comme
op. IV de Gossec. Ces duos appartiennent en réalité à
l'op. VII.

I **Ré majeur**
   Allegro   2 Ob. 2 C.

II **Mi majeur**
   Allegro   id.

III **Fa majeur**
   Allegro   id.

IV **Ut majeur**
   Allegro   id.

V **Mi majeur**
   Allegretto   id.   (Pastorella)

VI **Ré mineur**
   Allegro   2 Ob.

Op. V.

*Sei | Sinfonie| a piu | stromenti | composte | da Fran-
cesco Giuseppe | Gossec | di Anversa | opera V |*

Mis au jour par | *Mr Bailleux* | Prix 12 l. | y compris
toutes les Parties | gravé par Mᵐᵉ Bérault | à Paris | *chez
l'éditeur rue Porte Foin près les Enfans rouges | Et aux
adresses ordinaires de musique* | A. P. D. R. — in-f°, s. d.

PREMIER TIRAGE : Bibl. de M. G. de Saint-Foix. — Deux
violons, alto et basse, deux flûtes, deux cors ; deux bassons
dans la 1ʳᵉ symphonie seulement.

DEUXIÈME TIRAGE : Chez *l'éditeur Mᵐᵉ de musique rue St-
Honoré près celle de la Feronerie à la | Règle d'or et aux
adresses ordinaires de musique.* — Le titre seul diffère.

Bibl. du Cons. Recueils 11, 17, 34 : même instrumentation.

TROISIÈME TIRAGE : *chez Mr Bailleux, Md de Musique ordi-
naire de la Chambre et Menus Plaisirs | du Roy, rue St-Ho-
noré, à la Règle d'or à Lyon, à Bordeaux, à Toulouse et à
Lille, chez les Marchands de musique | A. P. D. R |, écrit
par Ribière.* — Le titre seul diffère.

Cons. : Recueil 14 (et double). Même instrumentation,
plus des parties de clarinettes manuscrites.

MANUSCRITS : *Deux simphonies a piu stromenti* composte
da F.-J. Gossec, mis au jour par Mr Bailleux (op. V, nᵒˢ 1
et 2). — B. N., Vm⁷ 1596. Signé : Duhen 1773. Le catalogue de Boisgelou (n° 1913) donne l'indication suivante :
« 2 symphonies manuscrites tirées de l'op. V, en attendant
qu'on ait l'œuvre gravé. »

Date : Ni le *Mercure,* ni l'*Avant-Coureur,* ni les *Affiches
de Paris* n'ont pu nous fournir la date de l'op. V, mais on
sait que de pareils dépouillements ne peuvent être défini-
tifs . Nous proposons la date de 1761-1762. Après la mort
de La Pouplinière en 1763, Gossec réclame plusieurs symphonies dûment spécifiées que nous avons essayé d'identifier et dont quelques-unes sont extraites de cet œuvre
V. La composition, sinon la publication, est donc antérieure au 5 décembre 1762 (Cf. A. N. Y 15647)[1].

I **Fa majeur**
   Allegro   2 Fag. 2 Fl. 2 C. 2 Clar. ou Htb.

II **Mi bémol majeur**
   Allegretto moderato   2 Fl. 2 C. 2 Clar.

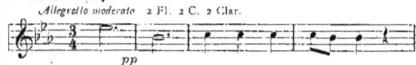

III **Ré majeur**
   Adagio lento   id.   (Pastorella)

---

[1] Cette hypothèse est confirmée par quelques observations sur la firme
Bailleux. Au moment du premier tirage Bailleux habite rue Porte Foin ;
il ne s'est pas encore installé *rue St Honoré* à la *Règle d'or* comme successeur de l'éditeur *Bayard.* Or le 11ᵉ recueil des Vari Autori (La Melodia
Germanica) porte encore le nom de Bayard (août 1760) tandis que le
13ᵉ ne porte plus que le nom de Venier en juin 1762 [Cons. Recueil 19].
Le Recueil 12, publié en décembre 1761, manque malheureusement et
nous prive d'un témoignage décisif. — Mais nous pouvons cependant en
conclure que le premier tirage est de 1761, le nom de Bailleux n'appa-
raissant pas avant 1760, et le second de 1762. — Quant au troisième
tirage, si l'on en juge par le titre et les œuvres portées au catalogue, il
doit se placer aux environs de 1773, comme le ms. — Bailleux était
encore marchand de musique en 1782 d'après l'*Almanach musical.*

IV **Mi majeur**
Allegro   id.

V **Ut mineur**
Adagio lento   id.

VI **Ré majeur**
Allegro   id.

Op. VI.

Six | Simphonies | dont les trois premières avec des hautbois obligés | et des cors ad libitum | et les trois autres en quatuor | pour la commodité des grands et petits concerts | dédiées | à Monsieur le Baron | de Bagge | seigneur héréditaire des terres de Seppen, Diensdorff Cronen | et Baggenhoff | composées | par F.-J. Gossec, d'Anvers | œuvre VI.

Prix 12 l. y compris toutes les parties | à Paris | chez Mr Bailleux, maître de musique rue St-Honoré à la Règle d'or | A. P. D. R. --- in-f°, s. d.

[B. N. V_m^T 1579. — Cons. : Recueil de mus. instrum. n° 4 — de symph. n°s 14, 31 : 2 violons, alto et basse, deux hautbois, deux cors; recueil 14 : deux clarinettes.]

Date : Aucune indication dans les journaux. — Nous n'avons trouvé aucune mention des concerts du baron de Bagge avant 1762[1]. D'autre part plusieurs des symphonies réclamées en 1763 par Gossec à la succession La Pouplinière appartiennent manifestement à cet op. VI. Ces symphonies auraient donc été composées vers 1762 et publiées vers 1763.

I **Ré majeur**
Largo

II **La majeur**
Largo

III **Ut mineur**
Allegro

IV **La majeur**
Allegro staccato

---

[1] La première indication dans Diderot, *Le neveu de Rameau*. Ed. Assézat, V, 418.

Cf. G. Cucuel, *Le Baron de Bagge et son temps*, l'*Année musicale*, 1911, p. 169.

V **Sol mineur**
Allegro

VI **Si bémol majeur**
Allegro

Op. VII.

Sei | Duetti | per due violini | composte | del signor | Francesco Gossec | di Anversa |

Mis au jour par M. Bailleux | gravés par Mme Leclair | op. VII | à Paris | chez *M. Bailleux* | Md de musique rue St-Honoré près celle de la | Feronerie à la Règle d'or | à Lyon | M. Casteaux, Place de la Comédie | A. P. D. R.[1] in-f°, s. d.

[Cons. 2 exempl.]

Date : 25 février 1765. *Avant-Coureur*, p. 119. *Affiches de Paris*, 1765, p. 191.

I **Mi bémol majeur**
Largo

II **La majeur**
Allegro moderato

III **Ré mineur**
Adagio

IV **Ré majeur**
Allegro moderato

V **Si bémol majeur**
Allegretto

VI **Sol mineur**
Presto

Op. VIII.

Trois grandes | symphonies | avec deux alto viola et hautbois ou clarinettes obligées et les cors ad libitum | composées par F.-J. Gossec, d'Anvers | Les parties de clarinettes sont

---

[1] Eitner indique comme op. IV trois *Duos con Violini* à la Grossh. Hofbibliothek de Darmstadt. Le ms. porte en effet : opera 4ta. Mais les duos appartiennent en réalité à l'op VII (n° 2, 5 et 6).

gravées dans leur transposition et | se vendent séparément 2 livres |

Prix 8 l | à Paris | chez l'*auteur*, rue des Moulins butte St-Roch[1] | chez *Bailleux*, etc | A. P. D. R.—in-f°, s. d.

[B. N. Vm⁷ 1594. — Cons. Recueils de symphonies 14, 88 : deux violons, deux altos et basse, deux hautbois ou clarinettes, deux cors. — *Manuscrits* : B. N. Vm⁷ 1597 : Symphonie n° 1].

Date : Le titre gravé ne porte pas la mention op. VIII, ajoutée à la main dans quelques exemplaires, mais le catalogue que renferme l'op. XIV indique bien : op. VIII, trois symphonies à grand orchestre.

Les journaux ne fournissent aucune date, mais comme l'op. VII est de février 1765 et l'op. IX de février 1766, nous pouvons placer ces trois symphonies à la fin de 1765.

I **Ut mineur**
Allegro

II **La bémol majeur**
Largo con sordini

III **Fa majeur**
Allegro

Op. IX.

Six Trios pour deux Violons, Basse et Cors ad libitum dont les trois premiers ne doivent s'exécuter qu'à | trois personnes et les trois autres à grande orchestre | dédiées à Monsieur de St-George | écuyer, gendarme de la garde du roi | composés | par F.-J. Gossec, d'Anvers | œuvre IX |

Prix 9 l. | à Paris | chez l'*auteur* rue des Moulins butte Saint-Roch | *Madame Bérault* marchande de musique à côté de | la Comédie française et aux adresses ordinaires de musique | A. P. D. R. | — in-f°, s. d.

[B. N. Vm⁷ 1223, moins les cors. — Cons. : Recueils de mus. instrum. 30, 38, 59 et trois autres exemplaires.]

Date : 17 février 1766 : *Avant-Coureur*, p. 99.

Bibliographie : Le 1er trio a été réédité par M. Riemann, dans le *Collegium musicum* n° 47. (Breitkopf, in-f°, s. d.).

I **Mi bémol majeur**
Andante

[1] Cette mention est assez rare. Gossec qui habitait en 1760 rue du Jardin du Roi se fixa en 1762 rue des Moulins, où il demeura jusqu'à son installation rue Bergère, au Conservatoire.

II **La majeur**
Andante allegretto

III **Fa majeur**
Allegretto

IV **Sol majeur**
Ilegro

V **La majeur**
Allegro non troppo

VI **Si bémol majeur**
Tempo fugato e moderato

Op. X.

LES PÊCHEURS

Comédie en un acte | représentée pour la première fois par les Comédiens | Italiens ordinaires du Roy, le 7 juin 1766 | mis en musique par F.-J. Gossec | œuvre X[1] |

Prix de la partition 12 l. | Prix des parties séparées 6 l. | à Paris | chez *M. de la Chevardière*, Md de musique du Roy | Rue du Roule à la Croix d'or | à Lion M. Castaud vis-à-vis la Comédie | et aux adresses ordinaires — in-f°, 150 pages, frontispice gravé.

[B. N. Vm⁵ 100 — Cons. — Berlin. Königl. Hausbibl. n° 1689 : *Les Pêcheurs* pour quatuor à cordes, manuscrit].

Signalons simplement l'*Ouverture pastorale* pour deux violons, alto et basse, deux hautbois, deux cors, deux bassons :

Allegro non presto

Op. XI.

TOINON ET TOINETTE

Comédie en deux actes | représentée à Paris par les Comédiens italiens | dédiée à Madame La Ruette | mise en musique par F.-J. Gossec |

Prix 15 l. | à Paris chez *Le Duc*, successeur de M. de la Chevardière, rue du Roule à la Croix d'or | au Magasin de musique et d'instruments | — in-f°, s. d., 134 pages, frontispice gravé.

[1] Le librettiste est resté anonyme. Cf. *Dictionnaire dramatique*, Paris, 1787, in-8°, II, 394.

B. N. Vm⁶ 101. — Cons.

L'orchestre comprend le quatuor, les grandes et petites flûtes, les hautbois, les cors, les bassons; pas de clarinettes. Signalons une très intéressante tempête, p. 63 85.

Date : Première le 20 juin 1767 (*Avant-Coureur*, p. 428).

Ouverture en mi ♭ maj.

2 Hautbois 2 Cors

Op. XII.

Six | Simphonies | à grande orchestre | dédiées | à Son Altesse Monseigneur | le prince | Louis de Rohan | coadjuteur de l'évêché de Strasbourg | par : F.-J. Gossec d'Anvers | œuvre XII |

Prix 12 l. | à Paris | chez *M. Venier* éditeur de plusieurs ouvrages de musique, rue St-Thomas | du Louvre vis-à-vis le Château d'Eau. | Et aux adresses ordinaires | à Lyon aux adresses de musique | A. P. D. R. | de l'imprimerie de Richomme — in-f°, s, d.

[Cons. : Recueils de symphonies 11, 14, 17, 18, 98. — 2 violons, alto et basse, 2 hautbois, 2 cors, 2 clarinettes].

Date : 1769. *Avant-Coureur*, p. 693.

N. L'œuvre XII de Gossec contient de copieuses indications dynamiques en français ; voici le commentaire de l'Andante de la deuxième symphonie : « La différence du Fort aux Doux dans ce morceau doit être excessive et le mouvement modéré, à l'aise, qu'il semble se jouer avec la plus grande facilité. » Voici pour le Presto de la même symphonie : « Avec beaucoup de légèreté et surtout de la précision dans la mesure, sans quoi les parties se disjoindront facilement, ce morceau est chicannier. » Il y a là des renseignements précieux pour une étude sur la dynamique dans la symphonie française.

I Ré majeur
Allegro molto

II Sol majeur
Allegro molto

III Ut majeur
Allegro molto

IV Si bémol majeur
Allegro molto

V Mi bémol majeur
Lamentabile

VI Fa majeur
Allegro molto

Op. XIII.

LES AGRÉMENTS D'HYLAS ET SILVIE

COMÉDIE

La Comédie-Française donna le 10 décembre 1768 une pastorale en vers de Rochon de Chabannes intitulée *Hylas et Silvie*[1]; Gossec avait publié une musique de scène que nous n'avons pu retrouver et qui fut publiée à part. Les *Affiches de Paris* du 2 janvier 1769 renferment l'indication suivante (p. 12) :

« Airs détachés d'*Hylas et Silvie*, par F.-J. Gossec. Prix 1 l. 4 sol. Chez Mᵐᵉ Bérault, Mde de musique à côté de la Comédie-Française et aux adresses ordinaires. »

Les *Affiches* du 22 mai (p. 459) annoncent encore :

« *Agrémens d'Hylas et Sylvie*, comédie en un acte, mise en musique par F.-J. Gossec, représentée pour la première fois par les Comédiens François le 10 décembre 1768. Cette musique peut s'exécuter dans les concerts particuliers ; op. XIII, chez Mᵐᵉ Bérault. »

Les manuscrits autographes de Gossec renferment le fragment suivant de la partition :

Chasse d'Hylas et Silvie faite par Gossec à Chentilli.

[En partition ; écrit sans doute pour 2 clarinettes, 2 cors et 2 bassons. — Aucune désignation.]

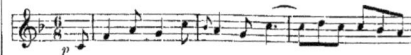

Le Théâtre de Rochon de Chabannes renferme le texte d'*Hylas et Silvie*[2]; on y trouve quelques indications sur la musique de scène : « On entend dans le lointain un bruit de chasse.... La musique peint ici tout le tapage d'une plaine livrée à des chasseurs. » Notons plusieurs ariettes, dont une avec un simple accompagnement de flûte, un

---

[1] Cf. *Alm. des Spectacles*, 1770. — Nous pourrons appliquer la date approximative de 1769 aux autres pièces inédites de Gossec, datées de Chantilly.

[2] Ed. Duchesne, 1786, in-8°, I, 137-180.

divertissement de nymphes et de bergers. Le livret est d'ailleurs d'une incroyable faiblesse et on y relève bien plus de platitudes que de gravelures, encore qu'il ait été taxé d'immoralité au moment de la première.

OP. XIV

Raccolta | Dell' Harmonia | collezzione | Quarente-sima | terza dell' Magazine musicale |

Sei | Quartetti | per | Flauto è Violino o sia Per Due Violini Alto e Basso | composti | da | F^{eu} Gius. Gossec | di Anversa | opera XIII | Prezzo : 9 l.

A Paris au *Bureau d'abonnement musicale* [1] | Cour de l'ancien Grand Cerf Saint-Denis | et aux adresses ordinaires de musique | et à Lyon, chez Castau, place de la Comédie | A. P. D. R. | gravé par Mlle Fleury. — in-f^o, s. d.
[Cons. Recueil de mus. instrum. 5.]

Date: 18 septembre 1769 : privilège pour 12 ans accordé à de Peters pour *six quatuors, par Gosset* (Brenet, *Librairie musicale*), — Cf. B. N. ms. fr. 22001, f° 155, n° 838.

Publication en février 1770 (*Mercure*, 165), annoncée dans l'*Avant-Coureur*, du 15 janvier (p. 36).

I   Ré majeur
Larghetto

II   Sol majeur
Allegro moderato

III   Sol majeur
Largo

IV   Fa majeur
Lento

V   Si bémol majeur
Andante

VI   Ré majeur
Pastorale

OP. XV

Six | Quatuors | à deux Violons, Alto et Basse | dédiés à M. Haudry de Soucy | composés | par F.-J. Gossec | d'Anvers | œuvre XV | Prix : 9 l. | A Paris | chez le Sr Sieber, rue Saint-Honoré, à l'Hôtel d'Aligre, près la Croix | du Trahoir, où l'on trouve un grand magasin de musique | se trouve à Lyon chez M. Castaud, place de la Comédie | A. P. D. R. | Ribière sculpsit. — in-f^o, s. d.
[Cons. Recueil de mus. instrum. n° 23.]

Date : avril 1772. *Mercure,* avril, II, 198.

I   Ut majeur
Allegretto

II   Mi bémol majeur
Allegretto

III   Ut mineur
Larghetto

IV   Ré majeur
Allegretto

V   Mi majeur
Larghetto

VI   La majeur
Allegretto

[1] Fondé par J.-B. Miroglio. Cf. M. Brenet, *Débuts de l'abonnement de musique.* — Mercure Mus. 1906, II, 256-273.

Deuxième partie :

SYMPHONIES PUBLIÉES SANS NUMÉRO D'ŒUVRE

Symphonie | périodique | a piu stromenti | composte del signor | Gossei, n° 38.

Prix : 1 l. 16 s. | Il paroîtra une nouvelle symphonie chaque semaine pour | faciliter le choix de M^{rs} les Amateurs de musique.

A Paris | chez *M. de la Chevardière,* rue du Roule, à la Croix d'Or | et aux adresses ordinaires | à Lyon | MM. les frères Le Goux, place des Cordeliers | A. P. D. R. — in-f°, s. d.

[Cons. Recueil de symphonies n° 35, deux violons, alto et basse, deux cors, deux clarinettes.]

Date : La Chevardière, en concurrence avec Venier, a publié, à partir de 1759, une collection fort importante de *symphonies périodiques* (œuvres de Cannabich, Toeschi, Philidor, Stumpf, Holzbauer). En juillet 1762, le n° 31 venait de paraître [1]. La symphonie de Gossec doit donc dater de la fin de 1762.

Ré majeur
Allegro

Symphonie | périodique | a piu stromenti | composte del signor Gossei, n° 48. Même collection.

[Cons. Recueil de symphonies n° 2.]

Ré majeur 2 Cors, 2 Clar.
Allegro

Les catalogues de La Chevardière indiquent encore la publication d'une symphonie périodique n° 65 del signor Gossei ; cette œuvre a échappé à nos recherches.

N° 1 [2].

Symphonie à deux violons, alto et basse | deux hautbois, deux cors | composés par | Mr Gossec.

Prix : 3 l. | à Paris | chez le Sr *Sieber,* musicien, rue Saint-Honoré, entre la rue des Vieilles | Étuves et celle d'Orléans, chez l'apothicaire, n° 92 | A. P. D. R. — in-f°, s. d.

[Cons. Recueil 13.]

[1] *Mercure,* juillet 1762, I, 164.
[2] Les n^{os} ajoutés à la main. — L'*Almanach musical* de 1776 annonce *Une symphonie concertante* à 2 violons obl., par Gossec, chez Sieber ; celui de 1777 indique *Une symphonie concertante* à deux violons ou violon et violoncelle obl., également chez Sieber (Prix, 4 l. 4 s.). Il nous paraît difficile de les identifier avec les symphonies ci-dessus.

Date : Entre 1771, date où J.-G. Sieber succède à Huberty, et 1774, année où il habite l'hôtel d'Aligre.

Si bémol majeur
Allegro

N° 2 [1].

Symphonie à deux violons.... (même titre). Paris, Sieber, in-f°, s. d.

[Cons. Recueil 13.]

Mi bémol majeur
Largo

GOSSEC
(Haydn et Bach.)

Trois | Symphonies à deux violons, alto et basse | deux hautbois, deux cors et bassons | Ces symphonies ont été jouées au Concert spirituel et au Concert des | Amateurs avec timbales et trompettes qui se vendent séparément | composées par MM. | Gossec, Haydn et Bach |

A Paris, chez *Sieber,* musicien, rue Saint-Honoré, à l'Hôtel d'Aligre, ancien | Grand Conseil où l'on trouve plusieurs ouvrages nouveaux | A. P. D. R. — in-f°, s. d.

[Cons. Recueils 6, 82.]

Date : J.-G. Sieber succéda à Huberty en 1771. Ces symphonies se placent après 1773, époque où Gossec quitta le Concert des Amateurs pour le Concert Spirituel.

Fa majeur [1]
Allegro maestoso

Du Répertoire de MM. les Amateurs.

Trois simphonies à grande orchestre pour deux Violons Viola, Basse, deux Hautbois ou Clarinettes . deux Cors Bassons, Trompettes et Timbales, composées | par MM. Gossec et Rigel, gravées par Richomme.

A Paris, chez *Bailleux* | marchand de musique ordinaire du Roy et de la famille royale | à la Règle d'or, rue Saint-Honoré, près celle de la Lingerie.

[1] Cette symphonie fut publiée par Longman à Londres sous le titre suivant : *Three | Symphonies | for | two Violins, two Hoboys | two Horns, | Viola and Bass | Composed by | Le Duc and Gossec |* op. I (Coll. de M. H. Prunières).

[Cons. Recueils 5, 142.]

Autre édition : à Mannheim | chez le Sr Götz, marchand et éditeur de musique | n° 63. — Bibl. Opéra. (Pas de différences de texte.)

Manuscrit : Bibl. Opéra.

Date : Gossec a dirigé le Concert des Amateurs de 1769 à 1773 [1] et composé à cette occasion « ses grandes symphonies avec l'emploi de tous les instruments à vent [2]. »

Ré majeur.
Allegro

Ut majeur.
Allegro maestoso

Symphonie de chasse.

Simphonie | de chasse | à deux violons alto et basse | deux haubois, deux clarinettes, deux cors | et deux basson | composés par M. Gossec |

Prix : 6 l. | A Paris | chez le Sr Sieber, musicien, rue Saint-Honoré, à l'hôtel d'Aligre | ancien Grand Conseil, A. P. D. R. — in-f°, s. d.

[Cons. : *Manuscrit autographe,* in-f° obl. — Une partition d'orchestre. — Parties séparées (en double) : deux violons, alto et basse, deux hautbois, deux clarinettes en la, deux bassons, deux cors en ré, timbales. (Recueil 141.)

B. N. Vm⁷ 1593 : Part. sép.]

Date: Almanach Musical, 1776. La composition est un peu antérieure, puisque la symphonie fut exécutée au Concert Spirituel en mars 1774. (*Mercure,* avril, I, 158.) Le compte rendu est fort élogieux : « Le tableau musical d'une grande chasse est ici représenté par une harmonie pittoresque, agréable et savante. »

Bibliographie : La publication de la Chasse de Gossec semble avoir provoqué l'apparition de plusieurs œuvres du même genre. L'*Almanach musical* annonce parmi les nouveautés de 1775 la symphonie de chasse de Charles Stamitz, écrite pour quatuor, deux hautbois, deux cors [3]. — Au début de 1776, Guillaume Cramer publie sa Chasse pour violon principal, deux violons, alto et basse, deux bassons, deux hautbois, deux cors [4].

Une transcription pour piano et violon de l'allegretto de la symphonie de Gossec, a été publiée par M. Tiersot, dans le *Monde musical* du 15 décembre 1901.

Ré majeur
Grave

(Le Duc, Ch. Stamitz et)
GOSSEC

Trois | symphonies | à huit parties | composées | par Messieurs Leduc l'aîné | C^{le} Stamitz | et Gossec | Ces simphonies ont été exécutées au Concert Spirituel et à celuy de MM. les Amateurs | mis au jour par M. Henry, gravées par Mme Lobry: |

Prix : 7 l. 4 s. | à Paris | chez *Le Duc,* successeur et propriétaire du fonds | de M. de la Chevardière [1], rue du Roule, à la Croix d'or | à Lyon, à Bordeaux, à Toulouse, à Rouen et à Lylle, chez les marchands de musique | A. P. D. R. | écrit par Ribière. — in-f°, s. d.

[Coll. de M. H. Prunières : quatuor, deux flûtes, deux hautbois, deux cors.]

Autre édition avec l'adresse suivante : chez *M. Leduc,* rue Traversière Saint-Honoré, à côté de l'hôtel de Bayonne, et aux adresses ordinaires de musique.

[Cons. Recueil de symph. 104.]

Autre édition : chez M. *Henry,* rue Traversière Saint-Honoré, entre l'hôtel de Bar et celui de Bayonne, etc.

Date: 1776, d'après l'*Almanach musical* de 1777 (n° 272) qui précise le nom de l'éditeur : *Leduc jeune.* Quant à l'édition Henry, elle est un peu postérieure, puisque l'éditeur Henry s'établit rue Traversière en 1778 (*Alm. mus.*) [2].

Ré majeur
Allegro

(Toeschi, Vanhall et)
GOSSEC

Trois simphonies | à grande orchestre pour deux Violons, une Quinte, une Basse | deux Flûtes pour la première et la deuxième simphonie, les Cors sont ad libitum | composées | par Messieurs | Toeschi | Wannhall et Gossec | mises au jour par Mr Bailleux.

Prix : 7 l. 4 s. | à Paris | chez Mr *Bailleux,* marchand de musique ordinaire des Menus Plaisirs du Roy | rue Saint-Honoré, à *la Règle d'Or* | à Lyon, chez M. Castaud; à

---

[1] Brenet, *Concerts en France,* p. 357, 361.

[2] Gossec, *Note concernant l'introduction des cors. Revue musicale* de Fétis, t. V, p. 222.

[3] *Mannheim. Symph.,* I, p. LIII. La symphonie, publiée à Paris, chez Sieber, n'apparaît dans le catal. Breitkopf qu'en 1779.

[4] *Mercure,* janvier 1776, I, 175.

[1] Cette mention est rare et fort intéressante. Elle nous montre Leduc jeune établi dans le magasin même de Leclerc et de La Chevardière ; en 1774, il habitait encore rue St-Thomas du Louvre ; vers 1777 on le trouve rue Traversière.

[2] Autre édition à Londres chez Longman (pour le titre voir plus haut), avec la même instrumentation, plus des bassons et deux *Trombe en ré.*

Toulouse, chez M. Brunet | A. P. D. R. | écrit par Ribière. — in-f°, s. d.

[Cons. Recueil 37 : 2 violons, alto et basse, 2 cors.]

Date : 1777. *Almanach musical* de 1778, n° 308 [1].

A identifier avec le numéro suivant :

Sinfonia | périodique | a piu | strumenti | composte | del signore | GOSSEC (mention ms.).

Prix : 2 l. 8 s. | A Paris | chez M. Bailleux, maître de musique, rue Saint-Honoré, à *la Règle d'Or* | A. P. D. R. — in-f°, s. d.

[B. N. Vm⁷ 1534 : Quatuor, 2 cors. — Cons.]

Ré majeur
Allegro

Symphonie | concertante | n° 2 | à plusieurs instruments | composés par F.-J. Gossec |

Prix : 4 l. 4 s. | à Paris, chez le sieur *Sieber*, musicien, rue Saint-Honoré, à *l'hôtel d'Aligre*, ancien grand conseil | à Lyon, chez M. Casteau; à Bruxelle, M. Godfroy; à Bordeau, M. Seaunier. — In-f°, s. d.

[Cons. Recueil 13 : 2 violons, alto et basse, 2 hautbois, 2 cors.

B. N. Vm⁷ 1595 (manque le premier violon). — Berlin. Königl. Hausbibl. 1692.]

Date : 1778, *Almanach musical* de 1779, p. 281.

Ré majeur
Allegro moderato

AUTRES SYMPHONIES

Les catalogues de *La Chevardière* indiquent deux symphonies dans une collection de *Vari autori*, publiée concurremment avec celle de Venier :

Op. IV, n° 1. Symphonie de Gosseï.

Op. V, n° 1. Symphonie de Gossey.

Nous n'avons jamais retrouvé aucun exemplaire des *Vari autori* de La Chevardière.

Le catalogue de *Le Menu*, rue du Roule, à *la Clef d'or*, indique en 1770 :

Trois symphonies de Gossei, à 4 parties. Prix : 9 l.

Le catalogue de *Bremner*, à Londres, indique dans une collection de *Periodical overtures in Eight Parts :*

Gossec : n°ˢ 32, 33, 34, 35, 36 et 46.

Gossec : *Quatuors* op. XV.

Troisième partie :

ŒUVRES INÉDITES DE MUSIQUE INSTRUMENTALE

La Bibliothèque du Conservatoire de Paris possède un ensemble imposant de manuscrits originaux de Gossec. Malheureusement on y trouve peu de renseignements sur la personne même de Gossec et l'histoire de ses œuvres; c'est en vain qu'on y cherche la *Note concernant l'introduction des cors dans les orchestres,* que Fétis dit avoir extraite des manuscrits originaux; on n'y voit pas figurer l'air avec accompagnement de clarinettes que Gossec affirme avoir composé en 1757, pour les débuts de Sophie Arnould. Et quant au *Traité d'harmonie,* écrit pour le Conservatoire, il nous fait surtout regretter l'absence d'un traité d'instrumentation, où Gossec eût mis à profit une longue expérience, et les leçons qu'il avait pu recevoir des Italiens ou des maîtres de Mannheim.

Il nous paraît cependant utile de dresser l'inventaire de la musique instrumentale contenue dans ce fonds, en insistant surtout sur les œuvres qui présentent un caractère symphonique.

I.

Contredanse pour les enfans.

[2 violons, bassons et basse, galoubet et tambourin. Gossec a indiqué en marge : petites flûtes, hautbois, clarinettes.]

En partition [1].

Gracieux

Contredanse

---

[1] C'est probablement la symphonie à grand orchestre qui fut exécutée au Concert Spirituel du 16 mars 1777 (*Mercure,* avril, I, 159).

[1] Cette contredanse appartient à un divertissement de la *Fête de Village,* de Gossec, représentée à l'Opéra le 26 mai 1778. (Partition autogr. à la Bibl. de l'Op., p. 194).

2.

Canon en écrevisse ou rétrograde.
[2 violons, 2 violoncelles ou 2 bassons.]

3.

Pièces pour deux clarinettes, deux cors et deux bassons
pour S. A. S. Mgr le prince de Condé.

« Ce morceau peut se placer pour andante de simphonie
en cas qu'on en réforme quelqu'autre; il iroit très bien
avant l'allegro de la simphonie de l'autre cahier. »

4.

La grande chasse de Chantilli.
[2 clarinettes, 2 cors, 2 bassons.]
En partition.

5.

Simphonie à 6.
[2 clarinettes, 2 cors, 2 bassons.]
(Allegro, Andante, Presto.)
En partition.

6.

Cosac.
[6 parties en partition : 2 clarinettes, 2 cors, 2 bassons?]

7.

Chasse d'Hylas et Silvie
faite par Gossec à Chentilli.
[Voir op. XIII.]

Toutes les œuvres ci-dessus sont réunies dans un recueil
intitulé : *Autographes de Gossec.*

Le volume contenant la partition autographe de la *Symphonie de Chasse* renferme également la partition d'un

Rondeau.

[Flûte solo, 2 hautbois, 2 clarinettes, 2 cors, violon
principal, 2 violons, alto et basse, 2 bassons, 1 harpe.]

Enfin des fragments autographes (en feuilles) renferment : *Les Moulins du pont de Pontoise* (fugue à 4 voix),
Bostangis, air turc pour ballet, un *Quatuor pour la prose des
morts* et divers exercices d'harmonie.

F.-J. GOSSEC
Trio en ré majeur.
Op. I, n° 2.

Nous avons pu fixer la date de publication de l'op. I
à 1753; ce qui place nettement ce trio avant les grands
concerts de Stamitz et l'influence de Mannheim [1]. Cette
œuvre nous paraît présenter un triple intérêt : on y sent
d'abord l'influence de la musique italienne; on y trouve
ensuite en germe quelques-unes des manières qui paraissent caractériser l'école allemande ; enfin le talent person-
nel de Gossec s'y révèle par un certain nombre de détails
ingénieux, dont les uns marquent encore l'hésitation d'une
extrême jeunesse, tandis que les autres sont d'un heureux
augure pour l'avenir [2].

Adagio : L'Adagio n'a en somme qu'un seul thème
(forme Lied), exposé dans les sept premières mesures. Le
second motif, qui apparaît aux deux violons dans les mesures 22, 23 et 24, n'a qu'une valeur épisodique. Le thème
principal est immédiatement *renforcé*, suivant une formule
chère à Gossec :

Une des caractéristiques de cet adagio paraît consister
surtout (partie médiane) dans des « grands écarts » comme
ceux-ci :

Puis les formules de pure virtuosité cessent et les deux
violons se retrouvent à l'unisson pour terminer dans le
ton principal.

Allegro moderato : Entrée successive des deux violons,
comme du reste au début du premier mouvement. Après
huit mesures consacrées à l'exposition du thème, nous
sommes en pleine virtuosité. Notons dès la mesure 9 un

[1] Pour les « manières » que l'on peut noter dans les symphonies de
cette école, nous renvoyons à la préface du deuxième volume des
Mannheimer Symphoniker.
[2] MM. de la Laurencie et de Saint-Foix ont donné de ce trio une
analyse fort pénétrante à laquelle nous ferons plus d'un emprunt. *Symphonie française*, pp. 75-77.

mouvement rythmique, ou gruppetto, dont l'emploi est très fréquent et qui rappelle la « Mannheimer Bebung » ; l'étendue en est aussi d'une tierce :

Voici une autre formule qui est purement italienne et dont on trouvera de fréquents exemples chez Locatelli [1] :

Mais le maître dont ces traits rapides et brillants évoquent surtout le souvenir, c'est Vivaldi, pour lequel La Pouplinière manifestait un intérêt spécial. A la fin de l'*allegro moderato*, les mesures 128, 129, 130, 131 évoquent sans doute les « Funken » de Mannheim, c'est-à-dire les notes incisives jaillissant d'une trame de triples croches. Mais l'admirable concerto de Vivaldi, *l'Eté*, renferme des passages analogues [2] :

Vᵒ Solo

Le style violonistique de Gossec rappelle également celui de Vivaldi, qui manie de la même façon les doubles croches et les doubles cordes :

C'est enfin à Vivaldi qu'il semble devoir cette tournure de phrase brillante et légère qu'on baptisera plus tard « Vögelchen » de Mannheim :

Bien longtemps après, dans une symphonie de l'œuvre XII, Gossec paraît retrouver une des entrées les plus expressives de Vivaldi :

Vivaldi, Op. IV, 1.
Allegro   (1)

Gossec, Op. XII, 4.

Menuet : Le Menuet n'appelle pas grand commentaire ; il a un double, le seul que nous rencontrions dans l'op. 1 de Gossec. MM. de la Laurencie et de Saint-Foix ont indiqué avec raison que l'accentuation de la première phrase évoque le style de Jean Stamitz (menuet de la sonate III de l'op. I). Les deux violons sont très souvent à l'unisson, parfois à l'octave ou à la tierce.

Quant aux indications dynamiques, elles sont déjà nombreuses dans ces trios. Nous avons déjà signalé le *Crescendo* indiqué au premier violon dans le trio I [1]. On en trouverait d'autres exemples, sans que le mot lui-même soit spécifié. Dans le premier mouvement, les mesures 70 et 71 présentent un très intéressant contraste des Forte et des Piano. On remarquera aux mesures 88-90 un decrescendo fort nettement marqué par les signes *p.*, *pp.* — L'*Allegro moderato* n'offre que des indications assez dispersées, mais le *Menuet* porte de nombreux *p.* et *f.* en contraste. L'accord de tonique est en général marqué d'un *f.*; le *p.* accompagne les croches de la mesure suivante.

On voit que ce trio porte à une foule de remarques fort suggestives ; quelle que soit l'influence de l'Italie sur Gossec, son originalité reste pourtant réelle. Au lieu de mettre les deux violons à la tierce, comme le font généralement les Italiens, il les fait souvent entrer par « contrepoint espacé » et tire de cette manière les plus heureux effets, par exemple dans les mesures qui précèdent l'accord final du premier mouvement (86, 87), où le trille, exécuté deux fois sur une seconde, suspend agréablement la phrase, avant qu'elle ne retombe sur l'accord final. Ce retard de la résolution est obtenu par la répétition d'une même formule ; on ne saurait le confondre avec le retard de la finale cher à Stamitz, et dû à une note tenue (*Adagio*, Mes. 77 et suiv.).

---

[1] Cf. par exemple les andantes des *XII Sonate a Violino Solo e Basso*, op. VI, Paris, chez Le Clerc, 1737.

[2] *Il Cimento dell' Armonia e dell' Invenzione.... da Antonio Vivaldi*, op. VIII, chez Boivin, Le Clerc. B. N. Vm ⁷ 1691.

L'Estate : Solo de violon, p. 9.

[3] Op. VIII. Conc. n° XI, p. 43.

[4] Op. VIII. Conc. XI, p. 45. — On trouverait chez Vivaldi de nombreux exemples du même style. (Début du concerto V : *La chasse*, solo de violon.)

---

[1] *La Stravaganza*, Concerto op. IV. — A Londres, chez Walsh. (Cons.) Concerto III, où l'on pourra noter également l'alternance beethovénienne des *p.* et des *f.* — Dans le Concerto VI de la même œuvre le motif initial a un mouvement analogue.

On n'a pas encore noté l'influence considérable de Vivaldi sur la musique française. Mais dans le détail, il faut en général se garder de rapprochements trop péremptoires.

[2] *A propos du Crescendo*, S. I. M , 15 février 1911.

Critique du Texte : Nous n'avons qu'un seul document à étudier (Cf. notre catalogue) et le texte est assez bien établi pour que les remarques soient peu nombreuses.

Adagio : Mes. 6. — Le trille du 2° violon est indiqué par le signe +. Nous l'avons remplacé par le signe W, utilisé dans le reste de la symphonie par l'auteur.

Mes. 81. — Trille rétabli au 1° violon.

Allegro : Mes. 1. — *p.* au 2° violon, par analogie avec la mesure 6.

Mes. 28, 29. — Liés au 2° violon comme au premier :

Mes. 38. — Dans toutes les formules de ce genre, où le texte donne parfois des indications incomplètes, nous avons noté l'accent de la façon suivante :

Mes. 46. — Le point d'orgue n'est indiqué qu'au 2° violon.

Mes. 54, 55. — Même remarque qu'à la mesure 1. (Id. 89, 90, 92).

Menuet : Mes. 29 et 32. — Le texte du 2° violon donne les deux dernières croches piquées, alors qu'elles sont liées dans tous les autres cas.

Mes. 78, 83, 85. — Nous avons rétabli les liaisons, absentes dans le texte au 1° violon.

Mes. 110. — La basse répète entièrement le deuxième Menuet, tandis que les autres parties se contentent d'indiquer la reprise.

GOSSEC

Symphonie en mi bémol majeur.

Op. V, 2.

Toutes les symphonies de l'op. V de Gossec offrent la même structure : Allegro — Andante ou Adagio — Menuet — Presto ou Prestissimo. La symphonie 3 commence par douze mesures d'Adagio Lento intitulées *Pastorella.* Cette composition même indique dès l'abord que Gossec est entièrement germanisé. L'op. IV, parfaitement analysé par MM. de la Laurencie et de Saint-Foix[1], montrait en 1759 l'influence combinée de l'Italie et de l'Allemagne sur le compositeur[2]. En 1762 tous les effets de virtuosité,

toutes les recherches de style violonistique ont disparu pour faire place à de grands mouvements d'ensemble — on dirait volontiers des jeux de couleurs — soutenus par une dynamique savante. Rien de plus frappant que le contraste des deux symphonies de Gossec que nous publions : l'une en 1753, œuvre de jeunesse et de tâtonnement, l'autre en 1762, où se révèlent déjà quelques qualités magistrales.

Allegro moderato : Dans les huit premières mesures, le thème est posé par les deux violons, les deux flûtes et les deux clarinettes soutenues par les cors. Dès les mesures 27 et 28, on remarque l'emploi de ces silences qui viendront souvent scander la musique de cet Allegro d'une façon assez énergique :

Après quelques dessins épisodiques, les flûtes et les clarinettes indiquent un second thème, à la dominante, soutenu par un accompagnement uniforme du quatuor (Mes. 58-64.) La phrase se termine en si bémol, et le quatuor seul se fait entendre pendant une quarantaine de mesures. Nous retrouvons ici quelques-unes des manières déjà notées dans l'œuvre I de Gossec : ce sont d'abord les notes tenues au premier violon et à la basse, l'accompagnement réservé au second violon (90-95); c'est ensuite l'entrée de deux violons par contrepoint espacé, dont ici encore le compositeur tire un très heureux parti :

Le passage dans le ton relatif d'ut mineur ramène une formule finale déjà employée (Mes. 14 et suiv.) et qui sera celle du mouvement tout entier :

A partir de la mesure 166, c'est la reprise du motif principal, puis la conclusion donnée par tous les instruments, après un crescendo portant sur quatre mesures et aboutissant à un *ff,* contrairement à une habitude de Gossec que nous avons déjà eu l'occasion de relever.

Romanza : Arrêtons-nous quelques minutes sur le titre

---

[1] *Symphonie française,* pp. 103-108.

[2] Il faut accorder une mention spéciale à la Symphonie périodique n° 38, en ré majeur, publiée vers 1761. (Allegro ré majeur — Andante en fa — Menuet et Trio. — Presto) Elle se place entre l'op. IV et l'op. V et accentue les tendances mannheimistes de Gossec. Notons ce thème que nous retrouverons :

même de ce second mouvement, lequel est fort significatif. C'est sans doute la première fois que la romance apparaît dans la musique instrumentale et il nous paraît que les autres compositeurs français n'en ont guère fait usage avant cette date de 1762. C'est là une innovation fort importante : à partir de 1770, la romance va devenir le centre de tous les quatuors et concertos ; celle de Gossec nous semble être un des premiers échantillons de ce style « sensible » qui ravage la littérature musicale de l'époque de Bagge et de Viotti [1]. Il est à noter que si la romance, entre 1770 et 1780, est libre d'allures, écrite à volonté en C, en $^2/_4$, etc., aux environs de 1762 au contraire, elle est d'une forme plus fixe, d'une déclamation un peu lente, d'une coupe carrée et presque archaïque, dont on trouve le type le plus parfait dans la célèbre Romance de Gaviniès :

À cette forme *Lied* caractéristique appartient encore la romance d'une symphonie manuscrite de Papavoine, jouée en 1764 [3] :

Cette romance présente une singulière analogie avec celle de Gossec qui lui est antérieure de quelques années, et celle de Gossec même n'est point sans rapports avec la composition de Gaviniès : que l'on compare deux fragments comme ceux-ci :

Gaviniès   Gossec

Après la première reprise, les clarinettes, les flûtes et les cors cèdent la place au quatuor qui expose en huit mesures un motif en ut̄ mineur, puis une modulation en si bémol ramène au Da Capo.

Minuetto : Le menuet en mi bémol n'exige guère de commentaires. Toutes les symphonies de l'op. V en contiennent un analogue ; contrairement aux habitudes courantes, le trio n'est pas en mineur. Le menuet met en valeur tous les instruments.

Presto : Le presto à $^3/_4$ donne lieu à des constatations plus intéressantes.

La gamme ascendante qui sert de motif principal sera fréquemment employée à partir de 1762 dans toute la musique symphonique et dans les finales de Gossec en particulier. On trouve une grande analogie de rythme dans le motif du prestissimo de la sixième symphonie op. V :

Au reste Jean Stamitz avait déjà donné des exemples analogues : (Op. I, 1, et op. III, 2).

Les mesures 64 à 70 présentent une montée de tous les instruments à l'unisson, qui nous paraît d'un excellent effet symphonique.

Comme dans l'Allegro, un second thème est indiqué par les flûtes et les clarinettes à l'unisson, soutenues par une pédale des cors et un accompagnement uniforme des cordes ; dans le finale le thème est également à la dominante :

Le procédé de développement reste toujours le même ; Gossec se contente de renforcer les notes incisives. A partir de la mesure 151, reprise du motif principal, et nouveaux développements : cette fois encore, un thème d'un heureux effet, introduit dans les mêmes conditions, est confié aux flûtes et clarinettes (mes. 247 et suiv.).

On remarquera que ce thème n'apporte qu'une légère modification à celui que nous avons indiqué plus haut et que la formule rythmique *a* joue un rôle essentiel dans tout ce finale, où elle sert en général, quel que soit l'instrument, à amener une conclusion :

Une dernière reprise ramène avant la fin la gamme ascendante du début (309 et suiv.).

Moins riche d'inventions mélodiques que l'Allegro, ce finale est sans doute, au point de vue de la construction et de l'équilibre, la meilleure partie de la symphonie.

Toutes les indications dynamiques sont minutieusement portées ; le crescendo sans doute n'apparaît jamais en toutes lettres, mais on en trouve mention dans toutes les autres symphonies de l'op. V. L'Allegro de la troisième symphonie contient même ce très important passage :

---

[1] Voir sur ce point notre étude sur *Le Baron de Bagge*. — L'évolution de la romance dans la musique de chambre mériterait une étude spéciale que nous ne pouvons entreprendre ici.

[2] *Le Prétendu*, op. com. (Com. Ital. 6 novembre 1760). Acte III, p. 186.

[3] Citée par MM. de la Laurencie et de Saint-Foix, *Symphonie française*, p. 113.

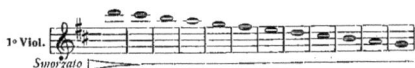

1° Viol.

Smorzato

Au reste le jeu des signes p et f renseigne suffisamment dans la symphonie en mi ♭ sur les crescendo ou les decrescendo. Voyez par exemple le crescendo qui aboutit dans le premier mouvement à un pianissimo sur un point d'orgue (mes. 89 et suiv.). On pourrait multiplier les citations de ce genre; quant au contraste du p et du f, il est extrêmement fréquent, à l'intérieur même d'une mesure (mes. 152 et suiv.). Gossec en tire un excellent parti, quand à une phrase interrogative du quatuor, il fait donner par tous les instruments une énergique réponse, soulignée d'un f (Finale, mes. 79 et suiv.).

Pour l'instrumentation, le grand intérêt réside dans l'emploi bien caractérisé des clarinettes. Sans doute leur rôle n'est pas encore indépendant, puisqu'elles se contentent de doubler les hautbois; mais on sait combien nos collections sont pauvres en parties anciennes de clarinettes et à quelle date tardive nous pouvons rencontrer les premières. Nous avons ici des parties de hautbois transposées pour des clarinettes en si bémol et c'est ce qui nous a fait choisir cette symphonie de l'op. V, de préférence à telle symphonie de l'op. IV, intéressante par sa date et par sa place dans l'évolution de Gossec, mais simplement pourvue de cors. Le rôle des flûtes et des clarinettes est d'ailleurs fort important, puisque Gossec leur confie souvent l'exposition de motifs essentiels. Nous n'avons plus affaire ici à un quatuor à cordes renforcé par les flûtes ou les cors, mais à une véritable symphonie, où les bois sont traités comme un groupe particulier et réalisent ce qu'on appelle des effets de couleurs. La conséquence en est que les thèmes principaux sont souvent indiqués par tous les instruments à l'unisson, et que les violons, isolés, ne se chargeront plus que de dessins épisodiques. Les cors ne sont jamais traités comme des instruments concertants; quant aux bassons, leur emploi n'est indiqué que dans la première symphonie de l'op. V, ce qui ne prouve pas qu'on les ait négligés pour renforcer la basse dans celle qui nous occupe. Il existe bon nombre d'œuvres anciennes où nous ne retrouvons plus la trace des instruments qui figuraient dans l'orchestre, lors de l'exécution au Concert Spirituel.

Pour la disposition de ces instruments dans la partition, nous avons suivi les exemples que Gossec a donnés lui-même dans son *Te Deum* et dans sa *Messe des Morts*, contemporaine de notre symphonie (1760), c'est-à-dire que nous avons adopté la succession suivante : flûtes, clarinettes, cors, deux violons, alto et basse. Gossec place

généralement les cors immédiatement avant le premier violon [1], les bassons avant et les timbales après la basse, ce qui est en somme fort logique.

Critique du texte : [2]

Allegro. — Les parties de flûtes, clarinettes et cors ne portent aucune indication dynamique, sauf les p. f. des mesures 184 à 192 dans le finale. Nous avons par conséquent, dans toute la symphonie, marqué les nuances suivant les signes portés au premier violon, ce qui n'est évidemment qu'une hypothèse dans plusieurs cas, puisque rien ne nous indique l'accentuation que l'auteur a voulu réserver aux soli des clarinettes et des flûtes.

Mes. 21-23. — Noter le decrescendo, implicitement figuré par la succession f, p, pf, puis le crescendo, marqué pf, des mesures 24 à 26.

Mes. 34-39. — Crescendo probable pour aboutir à la mesure 39, dont l'accentuation est forte, comme celle de la mesure 28.

Mes. 76. — 2° violon : la ♮. Id. mes. 79.

Mes. 79. — 1° violon : la ♮.

Mes. 80. — Nous avons passé de si ♭ majeur à la relative sol mineur ; la gamme en doubles croches est donc à rétablir ainsi :

Même observation au second violon. Au reste toute hésitation est levée à ce sujet par le trait analogue de la basse à la mesure 81.

Mes. 81. — Même correction à l'alto.

Mes. 83. — La ♮ au 2° violon.

Mes. 87, 89. — La ♮ au 1° violon. — De graves négligences de gravure dans ces gammes de passage : la première demande à être rétablie en sol mineur, la seconde en ré dominante de sol.

Mes. 89. — Do ♯ à l'alto.

Mes. 92, 94. — Mi ♮ au 1° violon.

Mes. 95. — Accord de ré mineur, la ♮ au 2° violon.

---

[1] Indiquons par exemple une exception dans le n° IX de la *Messe des morts* (Mors stupebit), où les cors sont en première ligne. L'absence de symphonies mises en partition nous empêche de fixer une règle générale. À ce point de vue les partitions des Mannheimer Symphoniker dans les *Denkmäler* se présentent sans méthode : les cors sont en général placés en première ligne, mais dans la Sinfonia à 8 de Jean Stamitz (t. I, p. 56) ils apparaissent après les timpani et les clarini. Les bassons et les timbales doivent servir d'escorte à la basse.

[2] Dans le catalogue de Gossec nous avons distingué trois tirages de l'op. V, mais le texte en est identique. Il s'agit donc de simples nécessités de librairie, et nous n'avons affaire qu'à un seul document : le ms. de la Bibl. Nat. n'offre pas plus de différences ; c'est une copie faite sur l'œuvre gravé, ainsi qu'en témoigne la note du catalogue de Boisgelou citée plus haut.

Mes. 97. — Même remarque aux deux violons.

Mes. 112. et ss. — Le texte indique au 2° violon les liés suivants :

Par analogie avec l'accentuation marquée au 1° violon, à l'alto et à la basse, nous donnons :

Mes. 165. — Le manuscrit donne par erreur un *f* au 2° violon.

Mes. 174, 176, 178. — Noter un crescendo très net au quatuor.

Mes. 225, 229. — Même remarque (violons 1 et 2).

Mes. 242. — Le 1° violon seul donne *pp*.

Romanza.

La première note de la seconde clarinette n'est pas visible sur le manuscrit ; mais il ne peut être question que d'un la, les clarinettes étant placées ici à la tierce.

Mes. 22. — Nous avons indiqué des liés au premier violon comme aux trois autres instruments. Le caractère même du morceau rend cette correction nécessaire.

Menuet.

Mes. 16. — La première clarinette porte un point d'orgue, de même qu'à la fin du trio. Ce dernier signe apparaît aussi à la 2° clarinette.

Presto.

Aucune indication dynamique pour la première mesure. Mais la reprise du même motif à la mesure 114 est soulignée d'un *f*.

Mes. 3. — Le premier violon donne :

Nous avons restitué un rythme semblable à celui des autres instruments ; la double croche n'apparaît à aucune reprise du thème.

Mes. 9, 10. — La première clarinette porte l'indication suivante :

Il y a là une erreur manifeste du copiste ; d'après le *Traité d'instrumentation* de Francœur, dont la première édition parut en 1772, les fragments *a* appartiennent au registre de clarinette proprement dit ou de *clairon*, tandis que le passage *b* dépend du registre des *sons aigus*. On sait que les *Tons* ou *Sons chalumeau* désignent les notes qui s'étendent du mi grave à la 12° si bémol ; ce registre offre de l'analogie avec celui des bassons. — Nous n'avons donc pas porté dans notre texte les indications du manuscrit.

Mes. 280-292. — Ce passage est le seul de toute la symphonie où l'auteur ait minutieusement indiqué les nuances à tous les instruments sans exception. Le contraste du *p* et du *f*, répété identiquement dans une succession de mesures, appartient surtout à la technique de Mannheim (Cf. J. Stamitz : finale de la Sinfonia à 8, *Mannh. Symph.*, I, pp. 31, 35. — Richter : Symphonie Op. IV, 2, *Mannh. Symph.*, I, p. 103, etc.).

Mes. 309. — Reprise du motif principal ; *f* à indiquer à tous les instruments.

Mes. 330-336. — *f* indiqué au 1° violon seulement. — Nous avons ajouté les indications de l'avant-dernière mesure, conformément à l'allure générale. Toutes les symphonies de l'œuvre V de Gossec se terminent sur un *f*.

II

Les Symphonies de Schencker

NOTES SUR SCHENCKER

Nous sommes tout à fait dépourvus de renseignements biographiques sur Schencker. Il figure dans l'État des musiciens de La Pouplinière aux appointements de 166 livres 10 sols par mois. Après la mort du fermier général, il passa, comme plusieurs autres, au service du prince de Conti ; il avait une fille, née en 1753, qui, en 1766, était première harpiste chez ce prince[1] ; Schencker lui-même paraît s'être spécialisé dans la harpe, soit qu'il ait connu cet instrument en Allemagne, son pays d'origine, soit qu'il ait été l'élève de Goepffert en France.

Son nom apparaît pour la première fois au Concert Spirituel du 1er novembre 1761, où il fait jouer une symphonie avec cors et clarinettes[2]. La publication de cette symphonie est annoncée par l'*Avant-Coureur*, le 17 mai 1762[3] : « Six symphonies à trois parties.... par M. Schencker, musicien de M. de la Pouplinière.... Prix 9 l. Chez M. Moria, marchand de musique près la Comédie Française. » En voici le titre exact :

Six simphonies | à trois parties | dédiées | à monsieur le comté de Montrevel | colonel du Régiment de son nom | par | M. Schencker | œuvre Ier |

Gravées par Mlle Vendome | ci-devant rue St-Jacques à présent rue | St-Honoré vis à vis le palais Royal | Prix 9 l. | à Paris aux adresses ordinaires de musique | avec privilège du Roy | De l'imprimerie de Richomme[4].

I Mi majeur
Allegro molto

---

[1] G. Capon, *Vie privée du prince de Conti*, 1908, in-8o, p. 133.
[2] *Mercure*, décembre 1761, p. 200.
[3] P. 316.
[4] In-f°. s. d. — Cons. *Recueil de musique instrumentale* n° 38. — Florent Alexandre-Melchior de la Baume, comte de Montrevel, né le 18 avril 1736, était depuis 1759 colonel d'un régiment d'infanterie de son nom. Il avait épousé en 1752 la fille du duc de Choiseul-Praslin. On appréciait fort la musique dans sa famille, ainsi qu'en témoigne la vente de la musique et des instruments du marquis de Montrevel, le 2 septembre 1754 (*Affiches de Paris*, 1754, p. 541).

II La majeur
Allegro molto

III Ré majeur
Allegro assai

IV Ut majeur
Majesto

V Si bémol majeur
Allegro assai

VI Sol mineur
Allegro

Au Concert Spirituel du 20 mai 1765, « M. Schencker de la musique de S. A. S. Mgr le prince de Conti a joué des pièces de harpe[1]. » A la même époque, les catalogues de Sieber, rue St-Honoré à l'hôtel d'Aligre, annoncent son premier trio pour harpe.

L'*Avant-Coureur* du 16 juin 1766 (p. 371), annonce la publication suivante : « *Six symphonies à trois parties ou à grand orchestre* par M. Schencker, ordinaire de la musique de S. A. S. le Prince de Conti; prix 9 l. Elles se vendent chez l'auteur rue Gaillon près la rue Neuve des Petits Champs; au Bureau d'abonnement musical cour de l'ancien grand cerf St-Denis, chez Cousineau luthier rue des Poulies, vis à vis le Louvre et chez la veuve Daullé quai des Augustins près la rue Git-le-Cœur. »

Schencker publia encore, en 1775, d'après le catalogue

---

[1] *Avant-Coureur*, 1765, p. 309. Mlle Schencker se fit également entendre au Concert Spirituel à la même époque. Brenet, *Concerts*, p. 290.

Breitkopf, vers 1780, dit Gerber, six sonates pour harpe, violon et basse [1].

Le rapprochement des dates indique bien que les symphonies publiées en 1762 comprennent celle qu'on entendit au Concert Spirituel en 1761 et doivent être identifiées avec celles qu'on jouait à la même époque chez La Poupelinière.

Rappelons qu'aux termes de la réclamation présentée par Gossec le 26 mai 1763, pendant l'inventaire après décès, le sieur Schencker, « musicien et ci-devant au service du défunt », demande qu'on lui restitue « cinq symphonies avec des cors et des clarinettes [2] ». Nous tenons donc pour certain que la symphonie publiée ci-après a été jouée par l'orchestre du fermier général. Quant à la publication de 1766, nous n'avons pu la retrouver, et il est fort regrettable que l'*Avant-Coureur* ne nous indique pas le numéro d'œuvre qu'elle portait.

SCHENCKER
Symphonie en ré majeur.
Op. I, 3.

Les symphonies de Schencker sont en général de coupe ternaire, terminées par des prestos à 3/4 d'un mouvement assez rapide, dans la manière de Jean Stamitz [3]. L'influence italienne y est fort peu sensible; l'influence allemande s'y marque par l'emploi d'un certain nombre de manières caractéristiques. On relèverait dans les Allegros plus d'un exemple de bithématisme : la sonate VI est particulièrement caractéristique à ce point de vue :

On remarquera immédiatement dans le second exemple l'emploi du « Mannheimer Vorhalt » a et de séquences assez mélodiques, dont Schencker fait un fréquent usage. C'est

[1] Gerber, *Lexikon*, II, col. 424.
[2] Arch. Nat. Y 15647, p. 356.
[3] Influence très sensible dans le Vivace à 6/8 de la sonate VI.

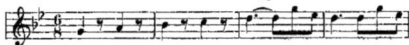

le cas de la sonate I dont le Larghetto est d'un heureux effet :

Allegro assai : Le thème, en ré majeur, est posé nettement dans les six premières mesures. Il est repris et renforcé dans les mesures 11, 12, 13. Le rythme présenté par le premier violon dans les mesures 14 à 17 peut rappeler certaine manière de Mannheim, mais il convient de remarquer que l'on trouve des groupes semblables dans toutes les sonates de Locatelli [1] ou dans les concertos de Vivaldi. Nous indiquerons seulement le début de *La Chasse* de Vivaldi (Op. IV. Concerto 10) :

Dans la mesure 22 on constate la prédilection de Schencker pour les phrases syncopées, dont il tire d'ailleurs dans ce passage des effets extrêmement symphoniques. Les contre-temps, scandés par les cors, se détachent sur la trame continue qu'offre le second violon.

Bientôt apparaît le second thème, d'une allure plus tendre et plus féminine, qui offre avec l'énergie du premier un contraste tout classique :

La première reprise pose sa conclusion sur la dominante; remarquons que Schencker a évité ce retard de la finale qu'une habitude de l'oreille nous oblige presque à attendre en un pareil passage. Les mêmes thèmes reparaissent dans la seconde reprise; un decrescendo implicitement indiqué amène une conclusion pianissimo dans le ton principal.

Andante : Le second mouvement, à la sous-dominante (sol majeur) n'a évidemment pas la belle allure de l'allegro initial. La phrase y est monotone et assez traînante. C'est un défaut qui est particulier non à Schencker, mais à la plupart de ses contemporains; on le remarque chez plusieurs symphonistes de Mannheim, sauf chez Filtz, ou les adagios ont souvent une tournure qui évoque Mozart. Notons un véritable abus du Seufzer, signe précurseur de ce style « sensible » qui, dix ans plus tard, sévira dans toute la musique instrumentale. La première reprise con-

[1] Cf. Locatelli : *XII Concerti, op. III*. Paris, Le Clerc, 1733. Exemples fréquents dans le concerto II, pp. 9, 11, 14, 15. etc. Remarquer que les gruppetti de Locatelli sont détachés, comme ceux de Mannheim.

clut en ré majeur. Dans la seconde on trouve de nouveaux exemples de séquences à l'italienne (mes. 51, 52, 53). Il est évident que les clarinettes et les hautbois devaient donner à cet andante une couleur qu'il nous est plus difficile d'y retrouver aujourd'hui.

Presto : L'orchestre à l'unisson indique une phrase énergique et brève en ré majeur. Après quelques développements assez courts, la première reprise se termine à la dominante, comme dans l'Allegro. La deuxième reprise renferme des passages fort intéressants, tels que celui-ci, où l'on pressent un contraste tout moderne de nuances :

Passage en mineur, puis reprise du motif dans le ton principal ; on voit que ce finale est exactement construit sur le modèle d'un scherzo de symphonie classique, avec lequel il offre d'ailleurs plus d'une analogie. Vers la fin un rythme déjà connu apparaît assez heureusement, comme un rappel du premier mouvement ; mais cette fois le second violon ne se contente plus d'accompagner le premier par des batteries ; il le double à la tierce inférieure.

Ce qui frappe en somme dans cette symphonie, c'est moins son originalité, que son allure très ferme et pour ainsi dire classique. On sent en maint passage des mouvements larges, bien soutenus dans leur développement. Celui-ci est un des plus caractéristiques (Presto, mesures 78-85) :

On perçoit nettement un crescendo jusqu'au la, puis un decrescendo sur une descente' de croches, qui amène au *p* de la mesure 87. Il est probable que la découverte de parties de cors et de clarinettes viendrait confirmer cette impression.

Ce caractère symphonique est renforcé par les indications dynamiques très nombreuses et très dignes d'intérêt.

Le contraste des *p* et des *f* se remarque parfois dans une même mesure (49, 50). Les mesures 114 à 120, 132 à 187 offrent dans le premier mouvement de beaux exemples de crescendo, dont l'indication est spécifiée en toutes lettres et dont l'effet est très heureux. Remarquons que Schencker, comme Gossec, aime finir pianissimo : c'est le cas des deux reprises de l'Allegro et de l'Andante ; seul le Presto se termine par un *f* prolongé. Dans l'Andante (mes. 25) le premier violon porte un *rinforzando ;* l'indication est assez rare dans la musique écrite autour de 1760 pour valoir d'être remarquée.

L'influence allemande apparaît encore dans la basse très chiffrée, comme une basse de Telemann, par exemple.

La symphonie que nous publions ci-après n'est écrite que pour deux violons et basse ; c'est la cellule même de toute composition symphonique. Mais nous savons qu'elle fut exécutée chez La Pouplinière et au Concert Spirituel avec des cors et des clarinettes ; la tonalité même de ré majeur appelle les cors en plus d'un endroit. Voici comment ces divers instruments pouvaient, suivant les principes de l'époque, souligner la phrase du début :

La basse chiffrée, écrite pour clavecin, pouvait être doublée par les violoncelles et renforcée par les bassons. On sait que dans la plupart des symphonies publiées de 1750 à 1760, ces instruments ne sont pas indiqués avec précision et que la même partie sert aux uns et aux autres. Les cors, indispensables dans le premier et le troisième mouvement, gardaient probablement le silence dans l'Andante, ainsi qu'il arrive souvent dans les symphonies de Gossec et des Mannheimistes. Le *Mercure* signale simplement l'emploi des clarinettes, mais il est certain que suivant l'usage elles étaient doublées par les flûtes et les hautbois. Les premières mesures de l'Andante évoquent fort bien la sonorité des clarinettes. Enfin le Presto ma non troppo donne de brillants exemples de tous ces instruments à l'unisson.

Critique du texte[1].

D'une façon générale les indications dynamiques ont dû être groupées sous un même fragment de mesure et suivant l'allure de la phrase. Il arrive fréquemment qu'elles ne coïncident pas dans les trois parties, même quand les instruments sont à l'unisson.

Mes. 1. — Absent dans le texte, le *f* n'est pas douteux ; il doit faire contraste avec le *p* de la deuxième phrase.

Allegro. — Mes. 32. — Sol ♯ à indiquer à l'appogiature, au premier violon.

Mes. 36. — Même remarque.

Mes. 75. — Même remarque.

Mes. 96. — Rétablissement du do ♯.

Mes. 160. — Le sol redevient naturel.

---

[1] Un seul document, indiqué plus haut ; un double pour le premier violon, mais sans différence de tirage.

Andante. — Mes. 1. — Le texte omet le soupir au 2ᵉ violon.

Mes. 52. — Le fa redevient dièze.

Presto. — Mes. 1. — Aucune indication dynamique. Nous avons noté *f* à tous les instruments, d'après l'allure de la phrase et d'après la reprise du même motif à la mesure 92.

Mes. 17. — Les notes sont pointées par erreur à la basse.

Mes. 40. — Même remarque qu'à la mesure 1.

Mes. 56. — La barre ne porte pas le signe de la reprise indiqué à la mesure 40.

Mes. 93-95. — Nous avons indiqué toutes les croches liées deux à deux, comme dans les passages analogues.

Mes. 130-132. — Aucune indication dynamique pour la fin du presto ; nous avons préféré ne pas risquer d'hypothèses ; remarquons toutefois que Schencker finit volontiers sur un *p* et que les deux premiers mouvements de la symphonie se terminent sur un *pp*. Il est fort possible que les deux phrases descendantes du premier violon (130, 131) indiquent un decrescendo.

Les Symphonies de Gaspard Procksch

NOTES BIOGRAPHIQUES

Nous n'avons aucun document antérieur à l'Etat de 1753 publié par M. L. de la Laurencie [1] et qui nous montre Gaspard Procksch engagé comme clarinettiste à l'Opéra. Il n'est pas mentionné dans les éditions successives du *Tableau de Paris*, de 1757 à 1765. Les *Scellés* de 1763 indiquent bien que, suivant un usage courant, on l'appelait indifféremment Gaspard ou Gaspard Procksch; cette constatation est fort importante pour l'identification de ses œuvres. En février 1763, le sieur Commier, perruquier, enclos et paroisse des Quinze-Vingts, fait opposition au règlement des sommes dues au sʳ Gaspard, musicien, son débiteur [2]. Or le nom de Gaspard ne figure pas dans l'état des musiciens, mais il est remplacé par celui de Procksch. D'ailleurs Gossec cite Gaspard Procksch comme clarinettiste de La Pouplinière entre 1751 et 1762 [3].

Après cette date, Procksch entra, comme plusieurs de ses camarades, au service du prince de Conti dont il devint première clarinette [4].

De 1771 à 1775, Procksch, sous le nom de Gaspard, fut clarinettiste et contrebassiste à l'Opéra, d'après l'*Etat de la musique du roi*. Il habitait alors rue des Boucheries; en 1775 il fut remplacé par Scharf. L'*Almanach musical*, de 1775 à 1783, indique Gaspard comme professeur de clarinette.

Le 3 décembre 1776, François Moria, graveur et éditeur de musique, époux de Mᶫᶫᵉ Vendôme, mourut rue de Seine. Les *Scellés* enregistrent le 17 décembre l'opposition suivante :

« En procédant est comparue Maximilienne Henriette

Le Cheyre, femme de Jean-Gaspard Brocche musicien, demeurant susdite rue de Seine, laquelle nous a dit qu'elle s'oppose à nosd. scellés à fin de paiement par privilège et préférence à tous créanciers de la somme de 58 l. 10 s. à elle due et qu'elle a avancée pour les frais du convoi dudit Sʳ Moria, dont elle a les quittances entre ses mains, requérant les intérêts de lad. somme suivant l'ordonnance.... »

Un double des *Scellés* donne l'orthographe, Jean-Gaspard Broche; l'apostille en marge indique simplement : opposition Gaspard, ce qui ne saurait laisser de doute sur l'identité du personnage [1].

Les *Tablettes de renommée des musiciens* en 1785 portent les indications suivantes :

Gaspard, clarinette, a fait plusieurs quatuors et airs détachés pour cet instrument. Rue de l'Université à l'hôtel de Villeroy.

Gasprocksch a fait des Duos, Sonates et airs variés pour la clarinette.

Cette double mention s'applique au même personnage. Après 1785, nous perdons totalement la trace du clarinettiste.

Signalons encore un Louis-François Gaspard, musicien, demeurant au pâté de la Comédie-Italienne, qui mourut célibataire, à 36 ans, le 7 février 1789; il eut comme héritier son frère Claude-François Gaspard [2].

BIBLIOGRAPHIE

Gerber (I, col. 474) indique que Gaspard « musicien du prince de Conti » a publié en 1777 6 *Quatuors pour Clarinettes, Violon, Alto, Basse ou Violoncelle, op. I*. Il consacre également un article à « Kaspar Procksch, né en Allemagne, premier clarinettiste du prince de Conti », lequel aurait publié avant 1779 cinq œuvres pour clarinette (II, col. 195); Gerber signale l'op. 4 : 6 *Trios pour Clarinette, Violon et Basse* et l'op. 5 : 6 *Solos de Clarinette*.

Eitner (VIII, 72), ne fait que reproduire les indications

---

[1] S. I. M., 15 février 1911.
[2] Y 15647, pp. 228, 300. Commier réclamait 10 livres. — Signalons dans les Arch. de l'Opéra, à la date du 5 septembre 1750, une pétition d'un Gaspard musicien, remercié, et qui se trouve dans la misère. On lui accorde 150 livres « en attendant qu'il se présente quelque emploi ou pour s'en aller dans son pays. » Aucune précision sur le dit Gaspard.
[3] *Note* extraite des Mémoires autographes.
[4] *Mémoire.... pour de Peters et Miroglio*, 1767. — Flieger, Schencker et Gossec devinrent aussi musiciens du prince.

[1] Arch. Nat., Y 11593.
[2] Arch. Seine. — Sépultures, registre nᵒ 1831.

de Gerber dont les deux notices demandent à être rappro-
chées.

Voici le catalogue des œuvres de Gaspard Procksch, tel
que nous croyons pouvoir l'établir :

Op. I. — *Six Quatuors pour Clarinette, violon, alto, basse
ou violoncelle.* — A Paris, chez Sieber, prix 7 l. 4 s. — Vers
1770.

[Manque. — Indiqué par les catalogues de J.-G. Sieber,
rue St-Honoré, à l'hôtel d'Aligre.]

Op. II. — ?

Op. III. Six Trios pour deux violons et basse. — A Paris,
chez Mme Tarade. Prix 7 l. 4 s. — 1776 [1].

Op. IV. — *Sei Terzetti per Clarinetto, Violino e Violoncello,
composte del Signr Gasparo Procksch, primo clarinetto
della musica di Sua Altessa Serenissima il principe di
Conti.* — Prezzo 7 l. 4 s. — à Paris, au Bureau d'Abonnement musical et aux adresses ordinaires de musique. —
1773 [2].

Op. V. — *Sei Sonate a Clarinetto e accompagnamento di
Violoncello,* dedicate a S. E. il signore Conte Oginsky....
composte dal signor Gasparo Procksch. — Prix 6 l. —
1773 [3].

Op. VI. — ?

Op. VII. — *Six Trios | concertants | pour | deux violons
et violoncelle | par Mr Gaspard Procksch | œuvre VII |*

Prix 7 l. 4 s. | à Paris chez Bignon, place du Louvre à
l'Accord parfait | à l'Opéra sous le vestibule, chez les mar-
chands de musique | et aux adresses ordinaires | a. p. d. R.
[vers 1775].

Cons., in-f°, s. d., part. sép.

Sol majeur
I *Allegro moderato*

Si bémol majeur
II *Allegro non tanto*

Ré majeur
III *Allegro*

Mi majeur
IV *Allegro*

La majeur
V *Allegro ma non troppo*

Mi bémol majeur
VI *Allegro ma non troppo*

Ce qui ressort avant tout de ces trios de Procksch, c'est
une grande liberté d'allure. Aucun trio n'a plus de deux
mouvements : le premier renferme un Allegro et un Rondeau ; le troisième un Allegro et une Sicilienne avec varia-
tions, dont le thème et les développements sont assez heureux :

Les quatrième et sixième trios, comme le second que
nous publions ci-après, ont un Allegro et un Menuet. Enfin
le cinquième conclut sur un Rondeau d'un rythme peut-
être facile, mais plein d'entrain :

Bref, cette œuvre témoigne chez son auteur d'une inspiration assez fantaisiste, qui s'explique bien, si on la compare
aux titres variés des pièces contenues dans les Recueils
pour cors et clarinettes que Gaspard Procksch publiait à la
même époque ;

Premier recueil de 25 airs en duo pour deux clarinettes,
composés par M. Procksch. — Prix : 1 l. 16 s. — A Paris,
au bureau d'abonnement musical, 1773 [1].

Second recueil de 25 airs en duo pour deux clarinettes, composés par M. Gaspard Procksch, 1773 [2].

Troisième recueil id., 1773 [3].

Quatrième recueil de 23 airs en duo pour deux clarinettes,
par « Gaspar », id., 1774 [4].

*VIIIe recueil | contenant 38 airs en duo | pour | deux cla-
rinettes ou deux cors de chasse |* composés par M. Gaspard |
première clarinette de son Altesse Sérénissime | de feu
Monseigneur le prince de Conty | œuvre XI [5] |

---

[1] *Almanach musical*, 1777. Nous transcrivons l'indication telle qu'elle
est donnée, bien que le numéro de l'op. et la date ne concordent pas
avec les renseignements qui suivent. On sait qu'en l'absence des recueils
eux-mêmes, il convient de montrer une certaine méfiance à l'égard des
catalogues de librairie ou communiqués de journaux.

[2] *Avant-Coureur*, 13 septembre, p. 576.

[3] *Avant-Coureur*, 20 septembre, p. 595.

[1] *Avant-Coureur*, 11 octobre 1773, p. 641. — *Mercure*, oct., II, 187.

[2] *Avant-Coureur*, 22 novembre 1773, p. 735.

[3] *Ib.*, p. 752.

[4] *Mercure*, mars 1774, p. 167.

[5] Les annonces des autres recueils ne portent aucune indication d'œuvre. Le catalogue de Girard, rue de la Monnaie, annonce vers 1774 deux
recueils de Procksch pour clarinettes. — Rappelons que le prince de
Conti mourut en août 1776.

Prix : 3 l. 12 s. | à Paris, chez Bignon place du Louvre, près l'Académie à l'Accord Parfait | et à l'Opéra, chez les marchands de musique et aux adresses ordinaires de musique | a. p. d. R. [vers 1776].

Cons. in-f° obl., s. d. part. sép.

Nous avons déjà indiqué le rôle qu'ont pu jouer des duos de ce genre dans la musique de table et dans le développement de l'instrumentation. Nous publions ci-après quelques-unes des pièces les plus intéressantes du recueil.

GASPARD PROCKSCH

Trio en si bémol (op. VII, 2) pour deux violons et basse (violoncelle).

L'œuvre V de Procksch ayant paru en 1773, nous pouvons assigner à l'œuvre VII la date approximative de 1775. Cette date, évidemment tardive par rapport à notre sujet, semble reculer le trio fort loin du cercle musical qui nous intéresse ; il nous a paru cependant qu'il était utile de réserver une place à un des plus fidèles musiciens de La Pouplinière, dont on retrouve le nom à l'Opéra ou chez le prince de Conti.

L'Allegro non tanto se compose de deux parties dont la première conclut à la dominante. Le Menuet, comme inspiration générale, se rapproche beaucoup du premier mouvement et en assume le rythme même du menuet classique n'est pas toujours respecté ainsi qu'il conviendrait. L'emploi dans l'Allegro et dans le Menuet de motifs analogues donne à l'œuvre une certaine unité qui n'est pas sans charme :

L'étude morphologique révèle des formes très simples : la seule manière de Mannheim dont Procksch paraisse s'être inspiré est le *Vorhalt* employé sans ménagement dès la première mesure [1]. L'auteur s'est plutôt porté vers Haydn, dont les premières symphonies commencèrent à être publiées en France en 1764.

Tel quel, ce trio plaira avant tout par son agréable sonorité et par la souplesse de la ligne mélodique, qui se déroule parfois comme une phrase de Boccherini. C'est la qualité qui frappera avant tout dans un groupe de mesures comme celui-ci :

[1] Cf. le début du troisième Trio.

Critique du texte.

La Bibl. du Conservatoire possède deux exemplaires de ces trios, mais de même tirage. Nous n'avons donc qu'un seul document à étudier.

Allegro : Mes. 25. — Le 2° violon porte ⌁ On trouve ailleurs l'indication +. Ces deux signes désignent le trille ou tremblement que nous avons toujours marqué du signe tr. On sait que le signe ⌁ est plus particulier aux Couperin, Chambonnières, Rameau, et le signe + à Telemann et à l'école allemande.

Mes. 26. — Le 2° violon porte ⌁ Par analogie avec le 1° violon nous donnons l'appogiature

Mes. 46. — Trille non indiqué, à suppléer au 1° violon.

Mes. 56. — Le signe dynamique *poc. f.* manque au 1° violon.

Mes. 74 et 76. — Nous avons rétabli les notes liées deux par deux comme au 2° violon.

Mes. 75 et 77. — Le signe ◁══ marquant le crescendo n'est indiqué qu'au premier violon. A la date de 1775, les indications dynamiques, d'ailleurs très circonstanciées dans Procksch, sont entrées depuis longtemps dans le domaine courant. Si la mention *crescendo* se rencontre partout, le signe ◁══ est beaucoup plus rare. Le premier exemple du decrescendo ══▷ que nous ayons rencontré appartient à l'op. V de Gossec (vers 1762), dans l'adagio lento de la troisième symphonie (*Pastorella* ; au premier violon seulement).

Mes. 83. — *f.* au 1° violon et à la basse. Cf. les indications données par le texte à la mes. 5 de l'allegro.

Mes. 92. — Même remarque.

Mes. 91. — Le texte indique par erreur un tremblement + sur le mi du premier violon.

M. 93, 94, 95. — Nous avons rétabli les liés au 2° violon.

Menuet : Mes. 4. — Omission du trille au 2° violon.

Mes. 7. — Le texte donne au 1° violon :

Cf. le mouvement analogue de la mesure 10.

Mes. 8. — Nous avons lié par groupe de deux les notes du 2° violon.

Mes. 32 et 33. — Le texte donne au 1° violon :

et au second violon :

écriture également défectueuse, puisque la vraie manière de noter ce passage serait la suivante :

Il nous a paru que le texte devrait être rétabli ainsi (cf. mes. 11).

Mes. 37. — Dans l'anacrouse qui précède, le texte n'indique pas le quart de soupir au 2° violon et à la basse.

Mes. 42. — La première double croche de chaque temps doit être pointée au premier violon.

Mes. 44 à 47. — Les croches du second violon ne sont pas toutes pointées dans le texte.

Mes. 49. — Omission du demi-soupir au 2° violon et à la basse.

Mes. 58. — Le crescendo n'est indiqué qu'au premier violon, suivant une habitude assez commune à l'époque. On trouve un cas analogue dans les Trios op. 1 de Gossec.

ŒUVRES MUSICALES

SYMPHONIES DE GOSSEC

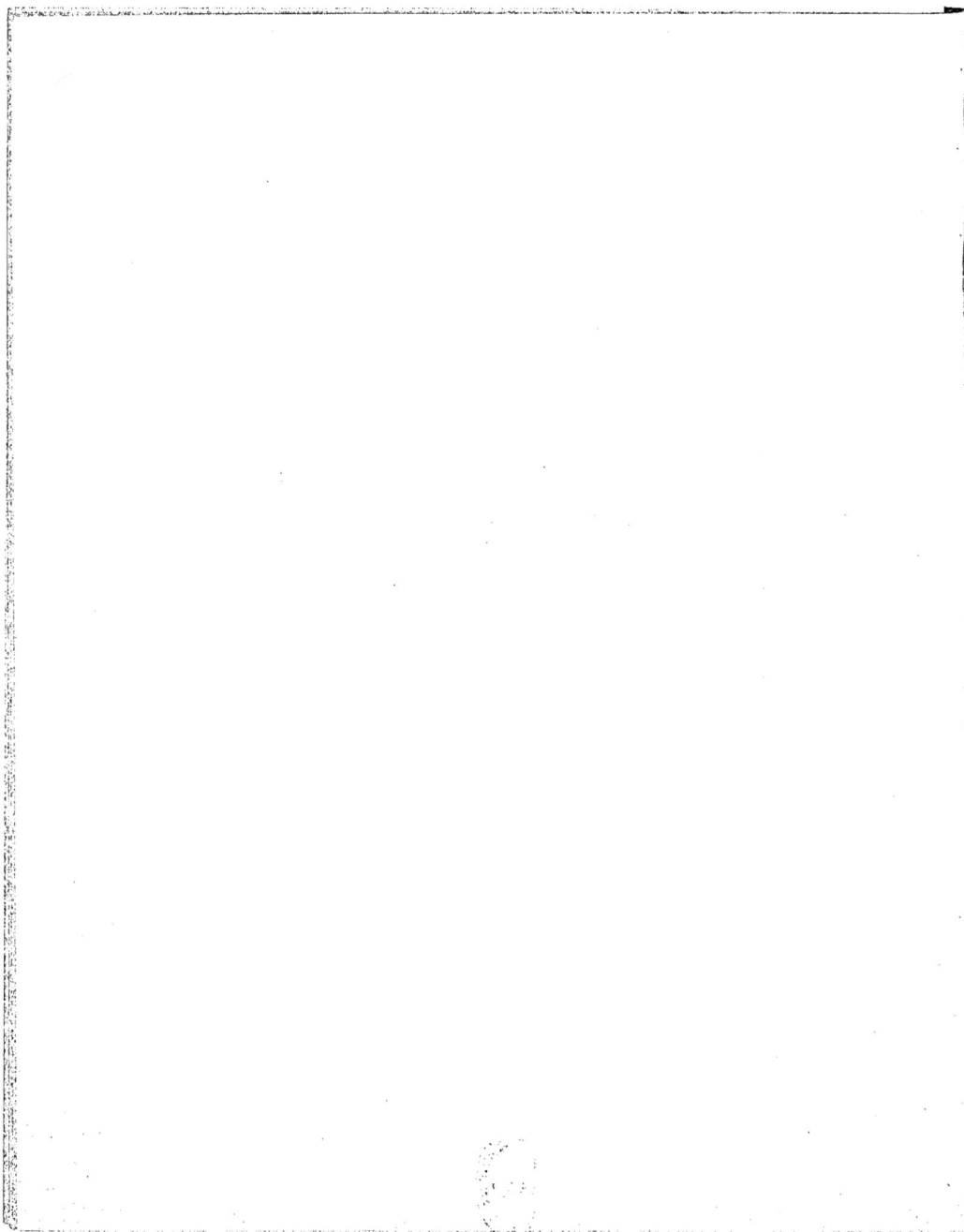

TRIO

à deux Violons et Basse

F. J. GOSSEC, Op. I, 2
1753

BIBLIOTH. NATIONALE
MUSIQUE

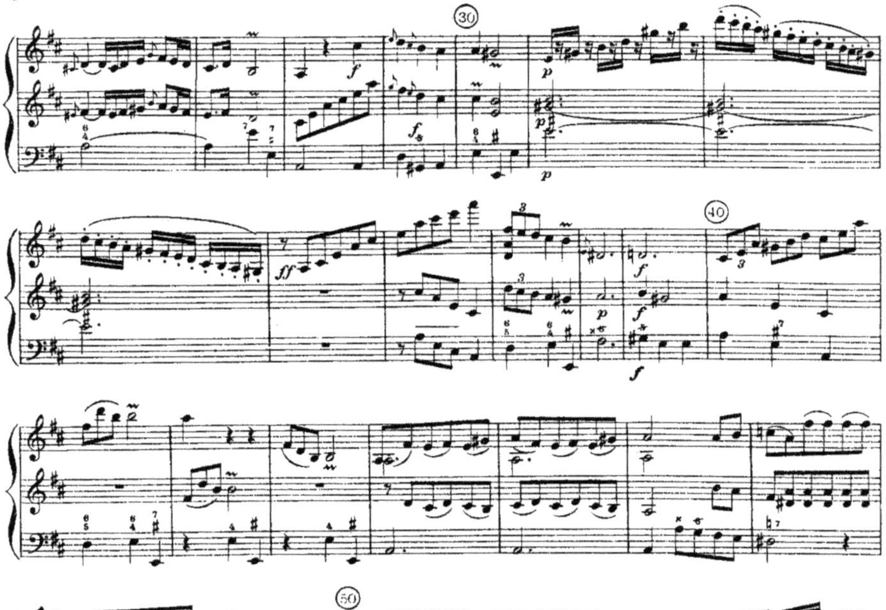

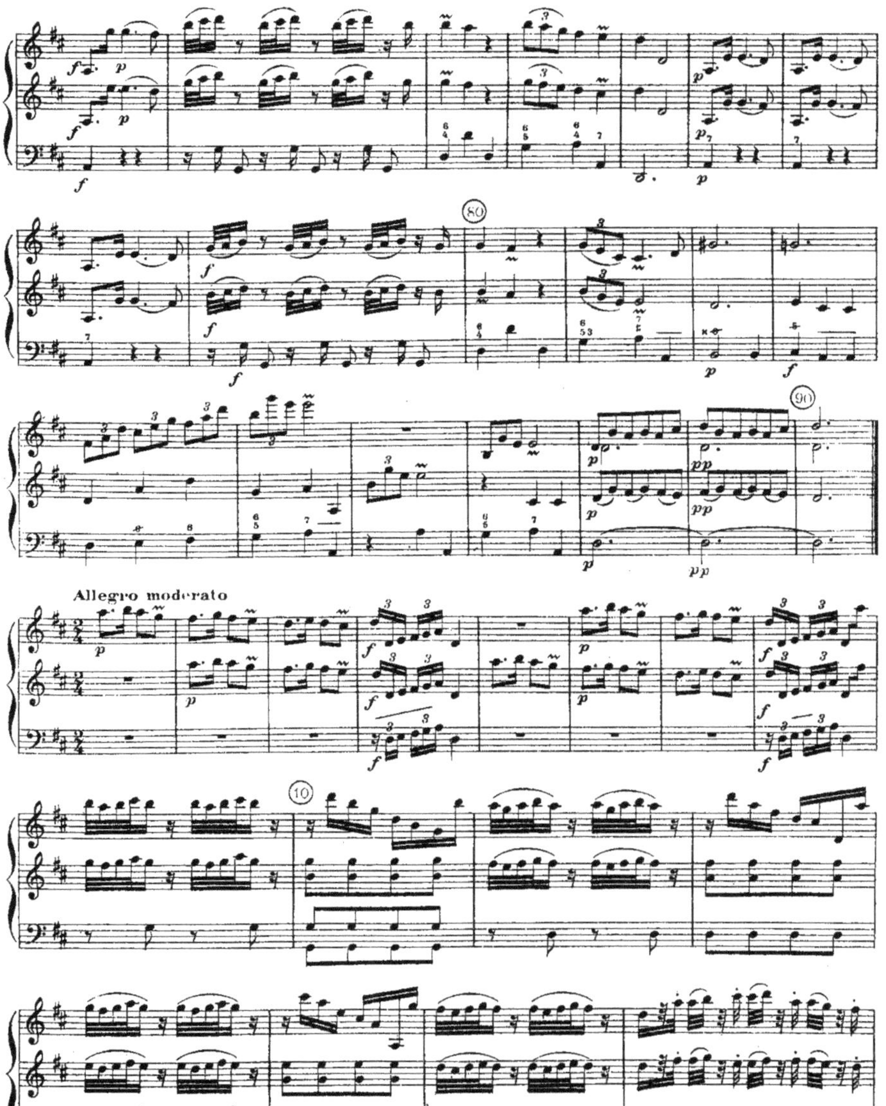
80
90
Allegro moderato
10

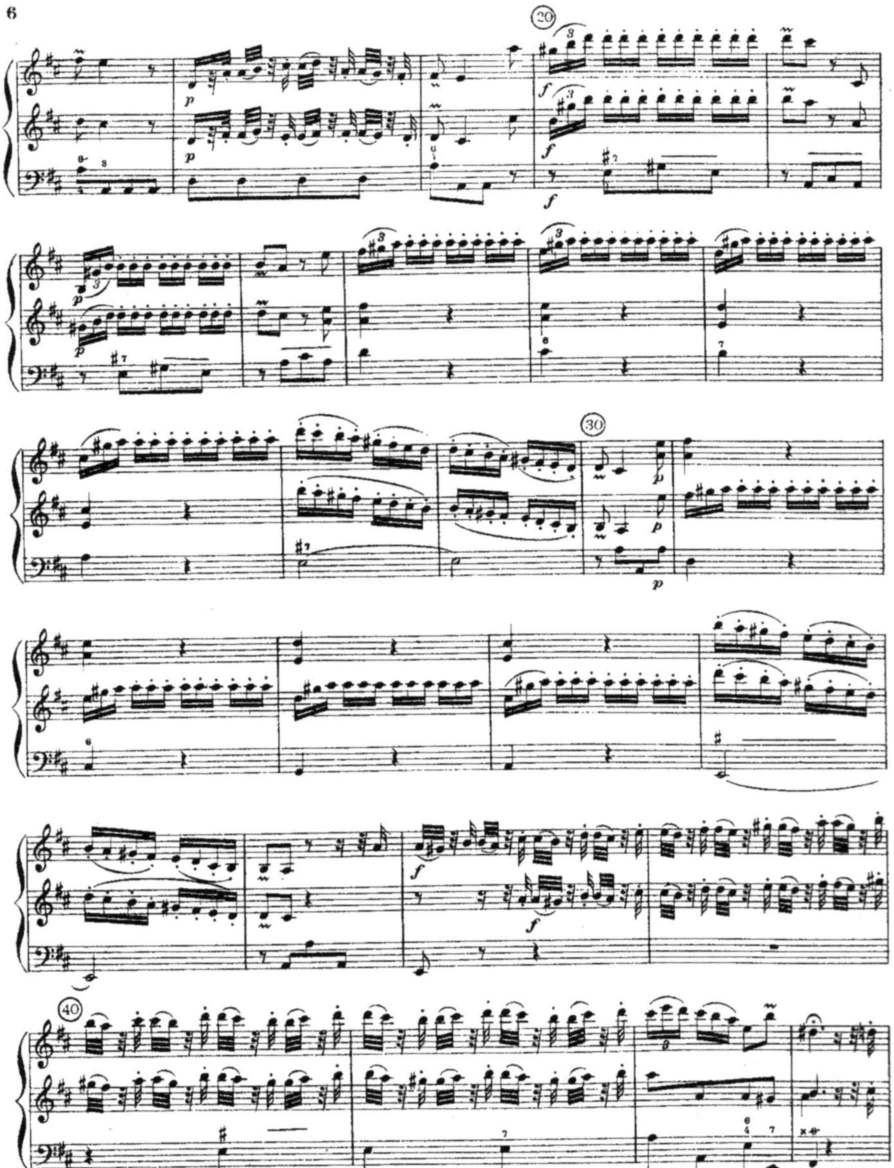
20
30
40

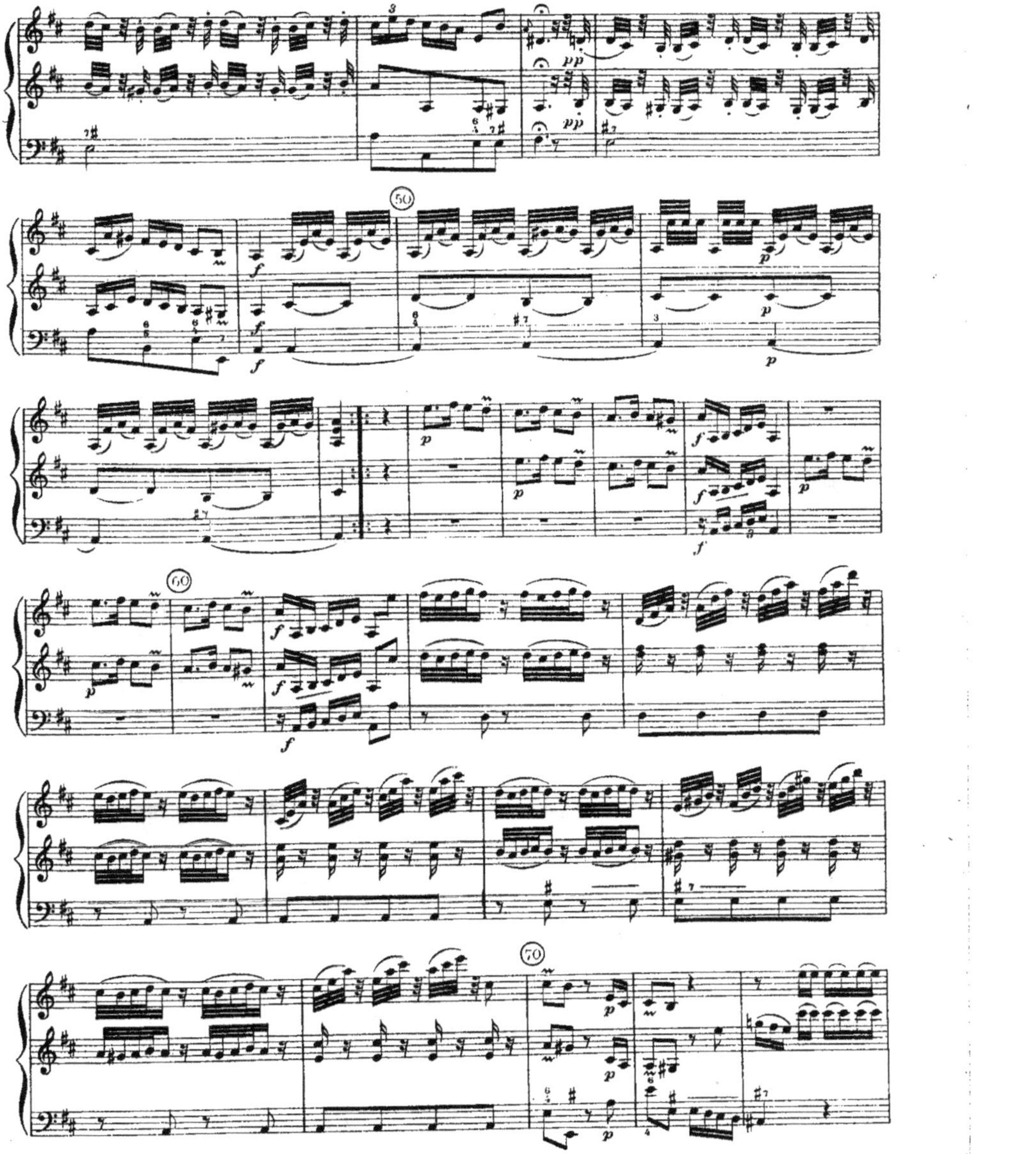
50
60
70

8

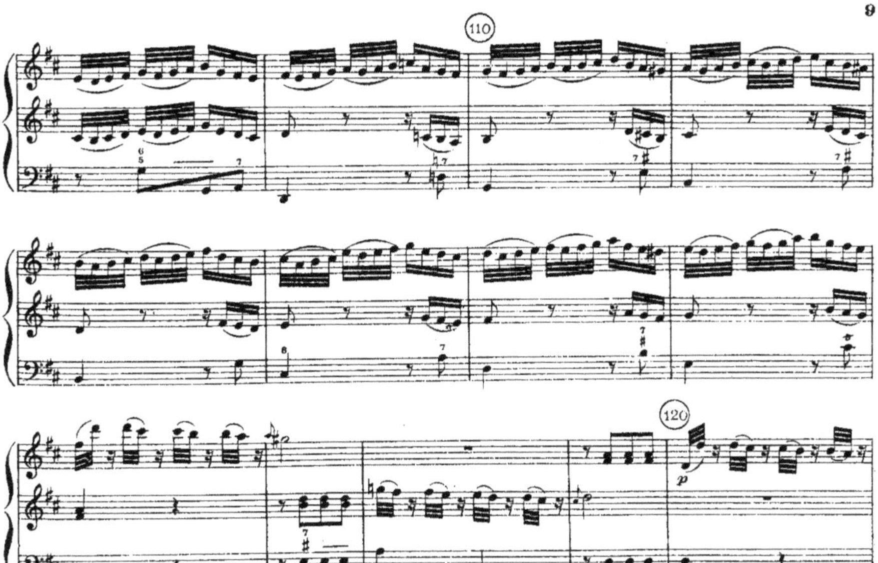
110
120
130

10

MINUETTO I

MINUETTO II

Da Capo al Primo %

SYMPHONIE A DIX

F. J. GOSSEC, Op. V, 2

Vers 1761

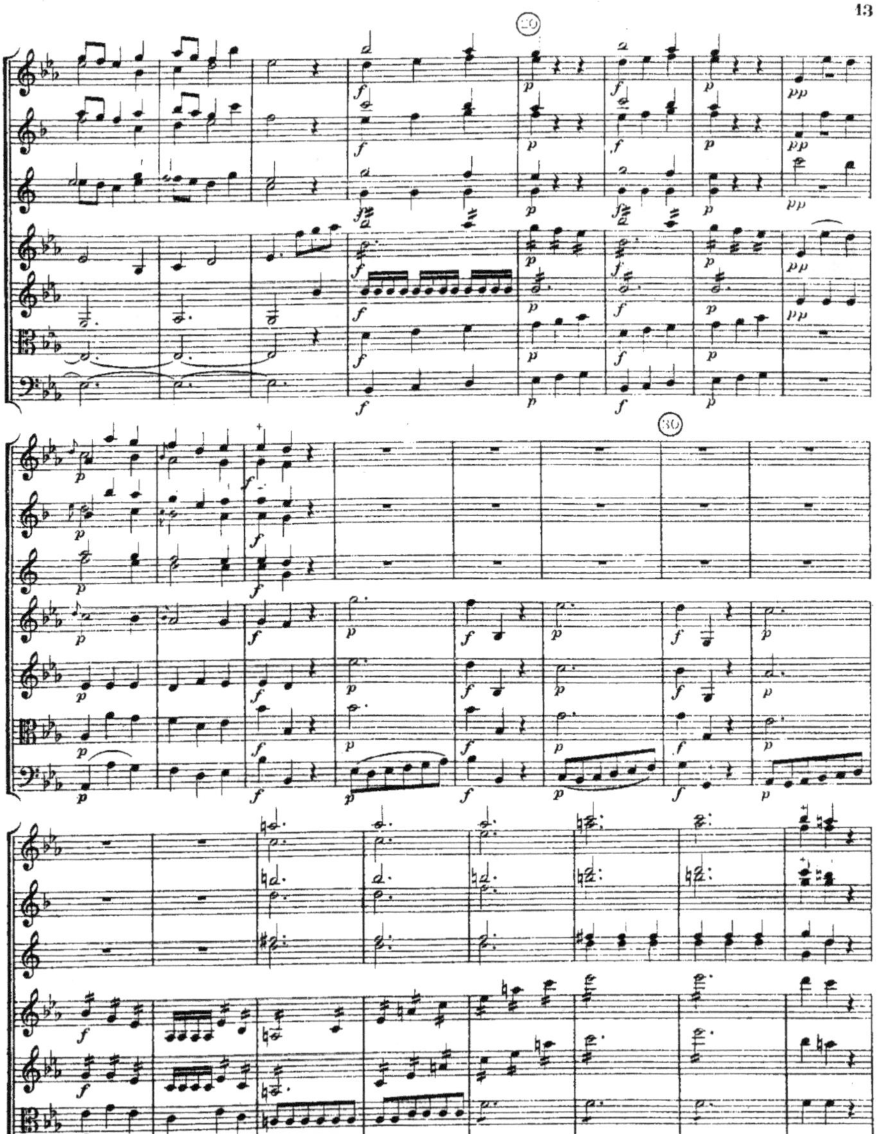
20
30

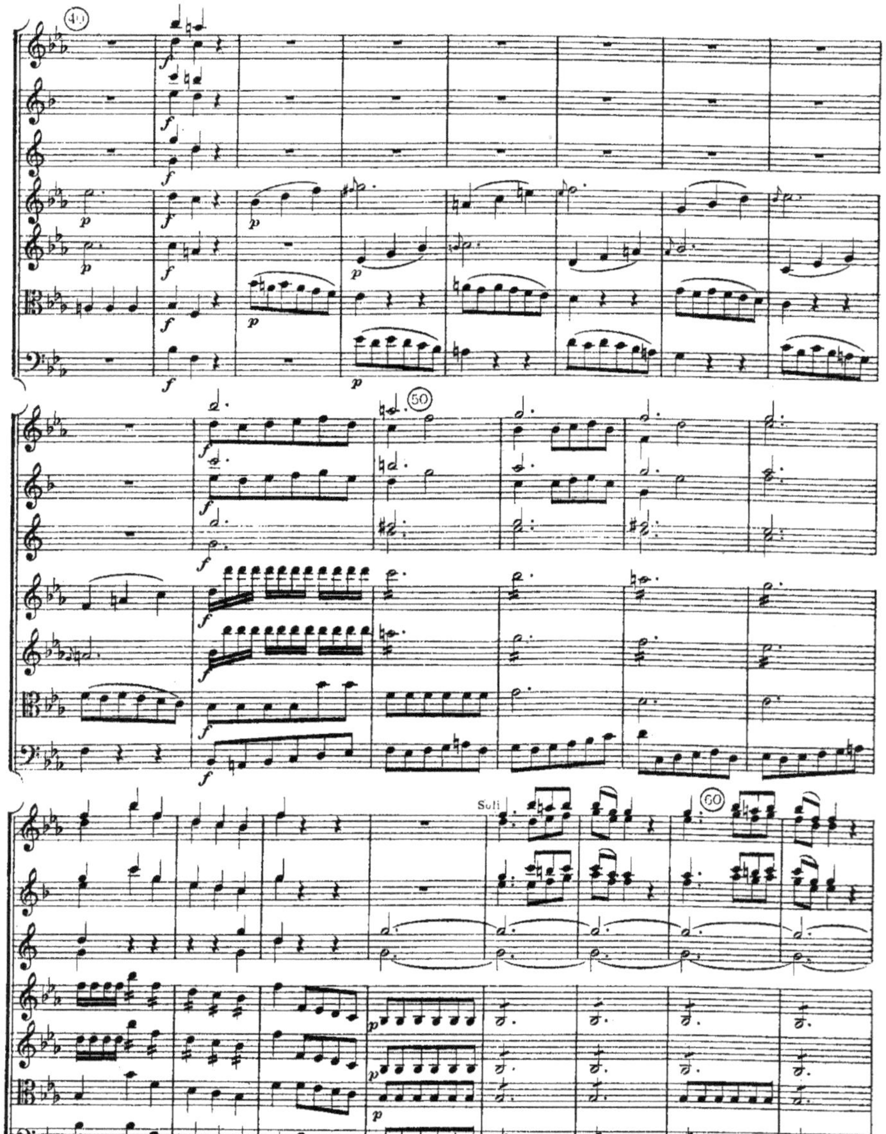
40
50
Soli
60

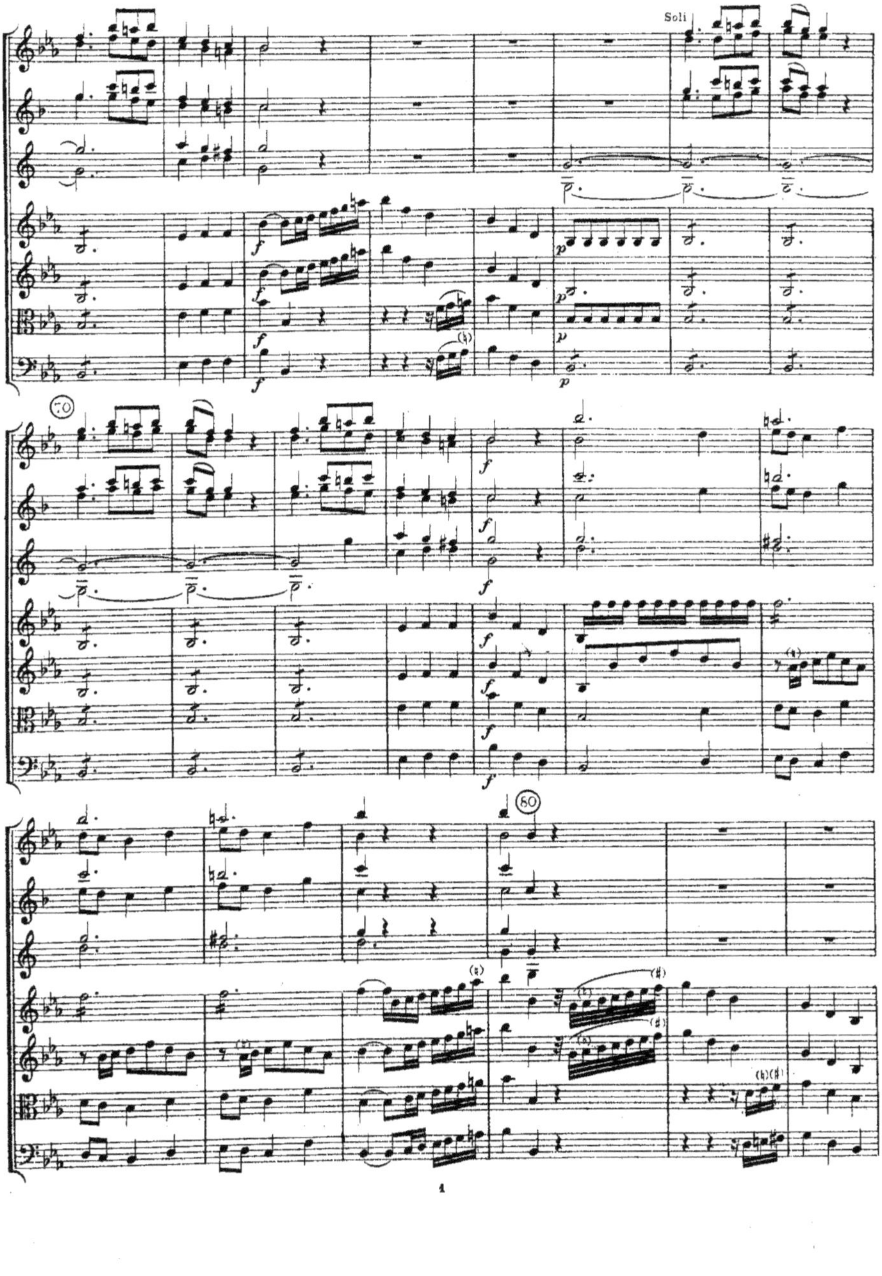
Soli
70
80

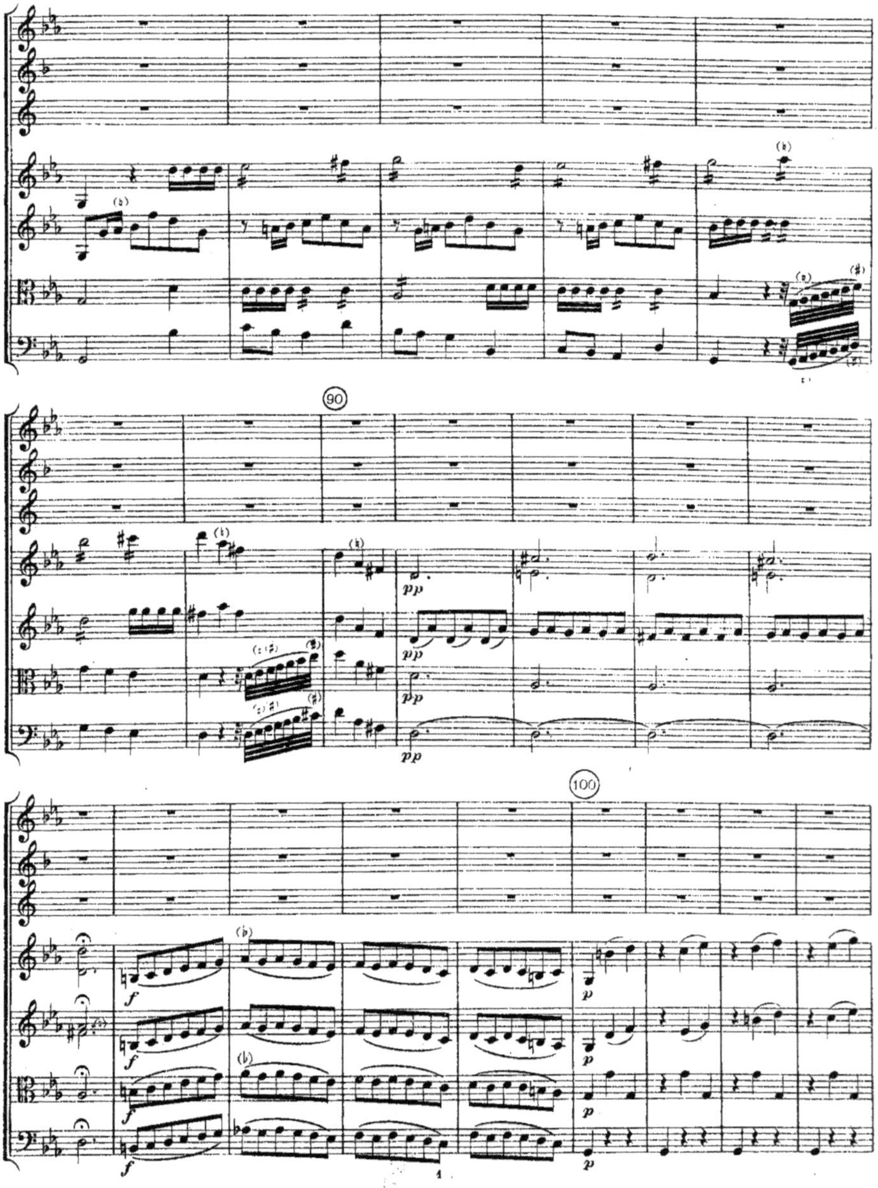
90
100

BIBLIOTH. NATIONALE MUSIQUE

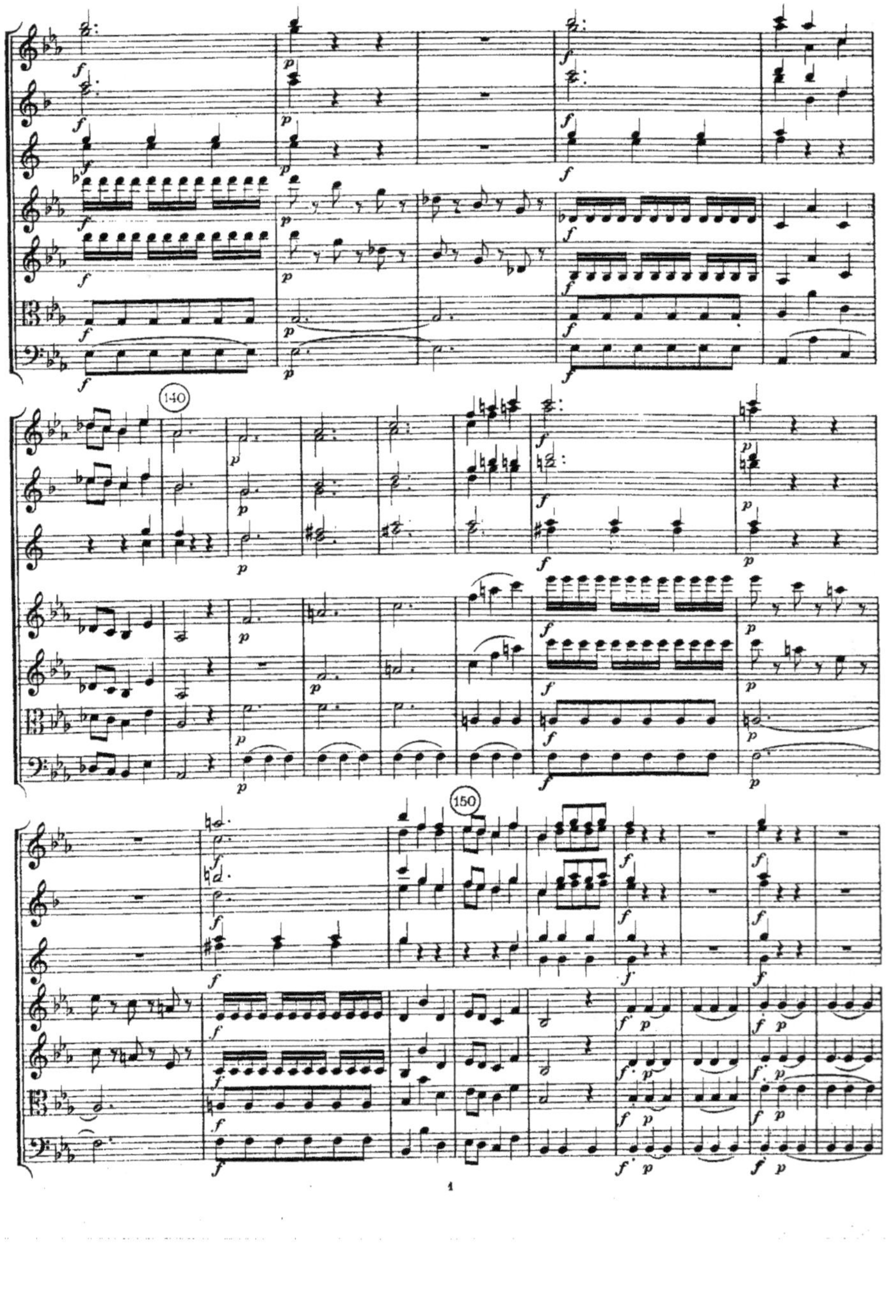
140
150

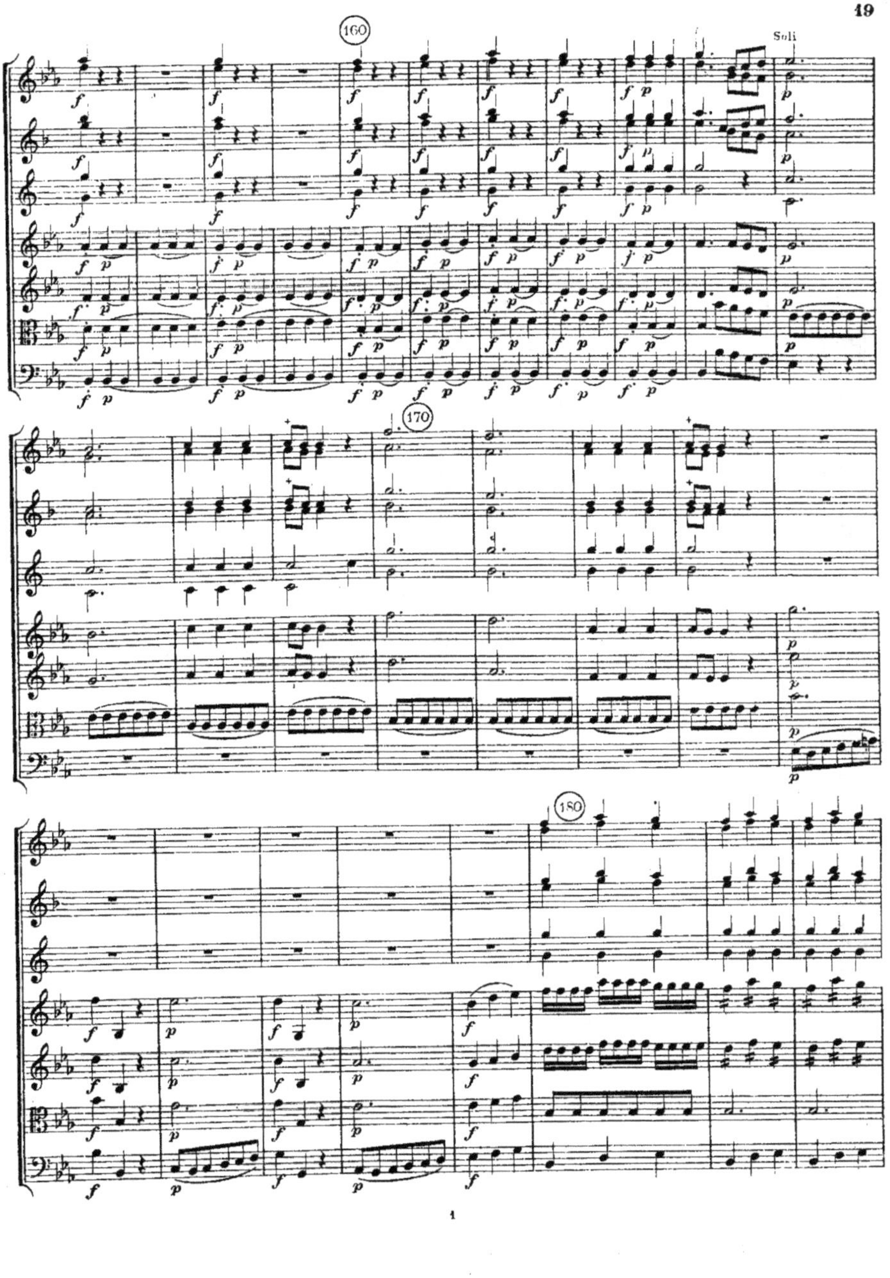
160
Soli
170
180

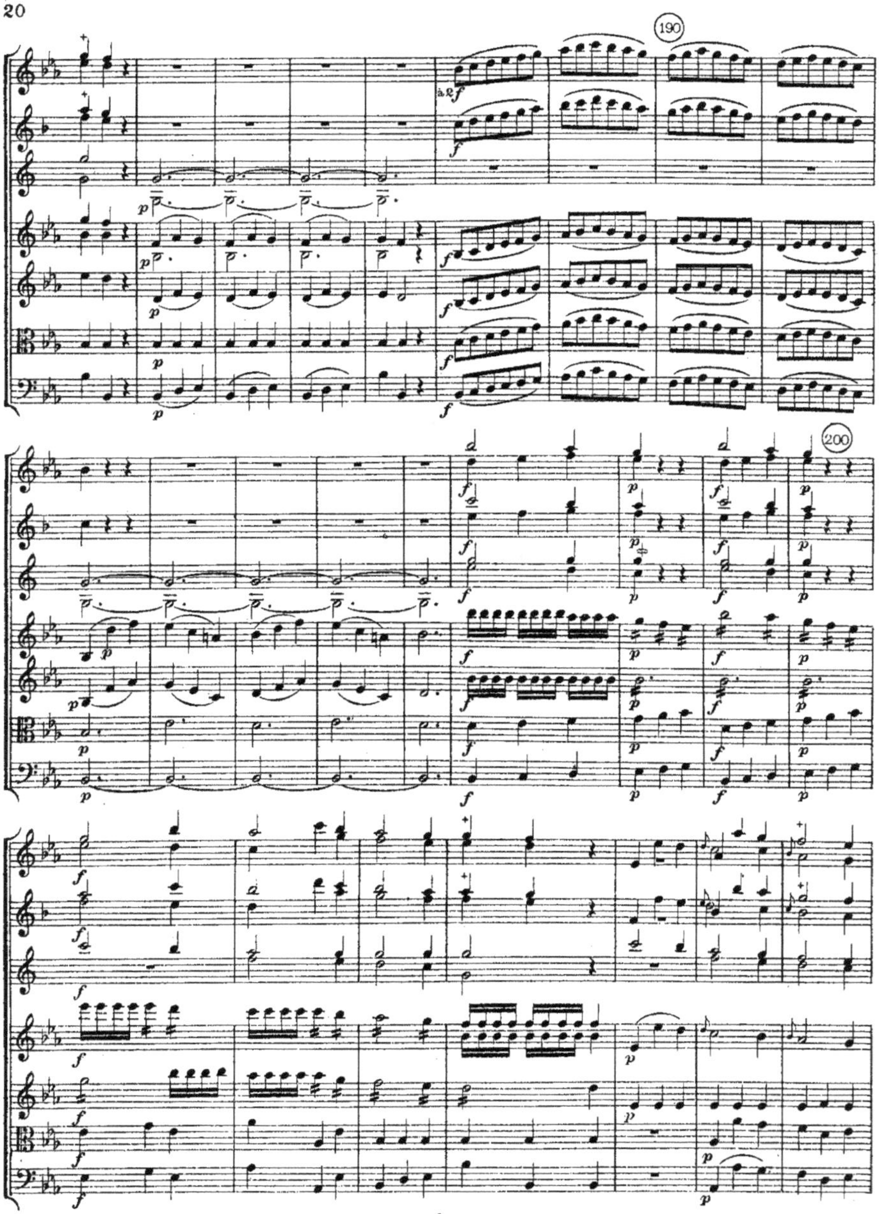
190
à 2
200

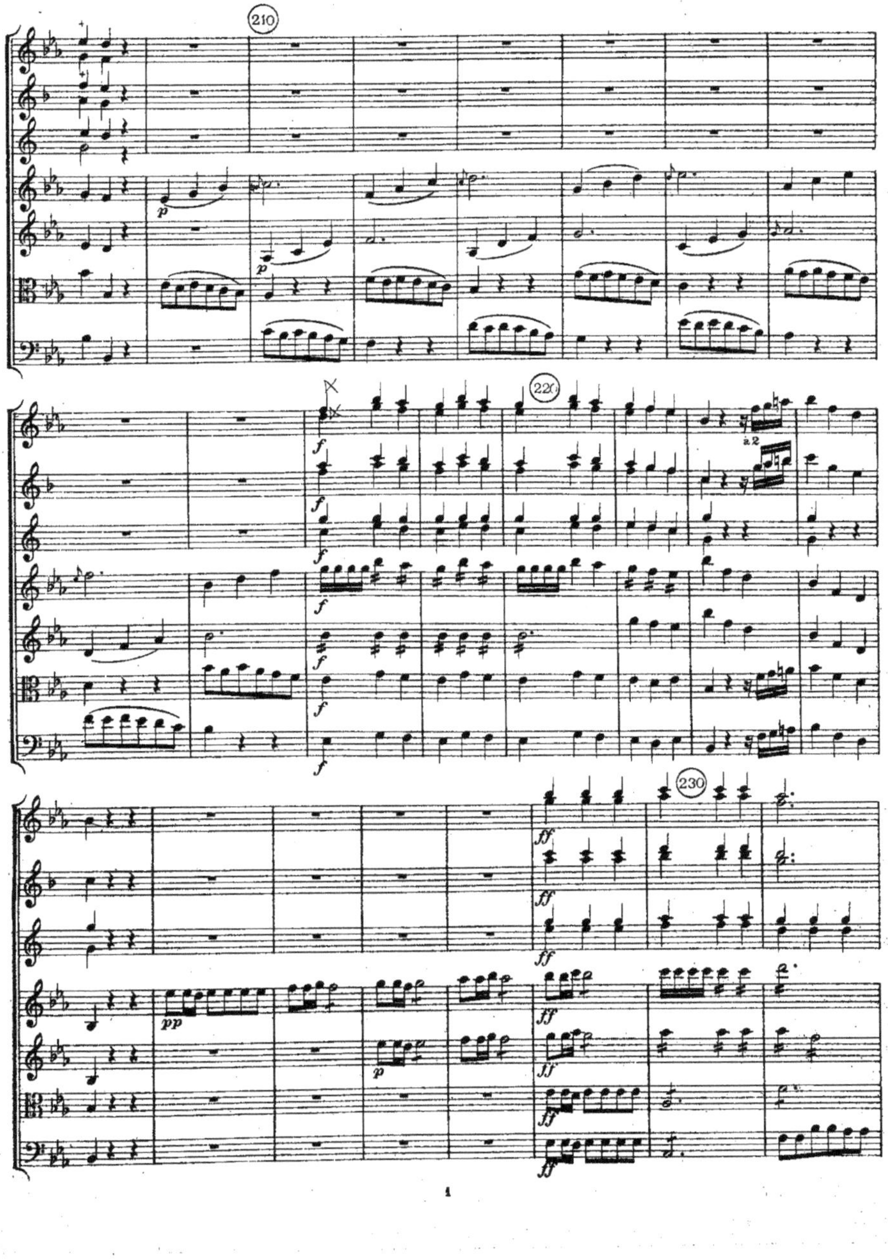
210
p
220
f
a 2
230
pp
ff

ROMANZA
Andante

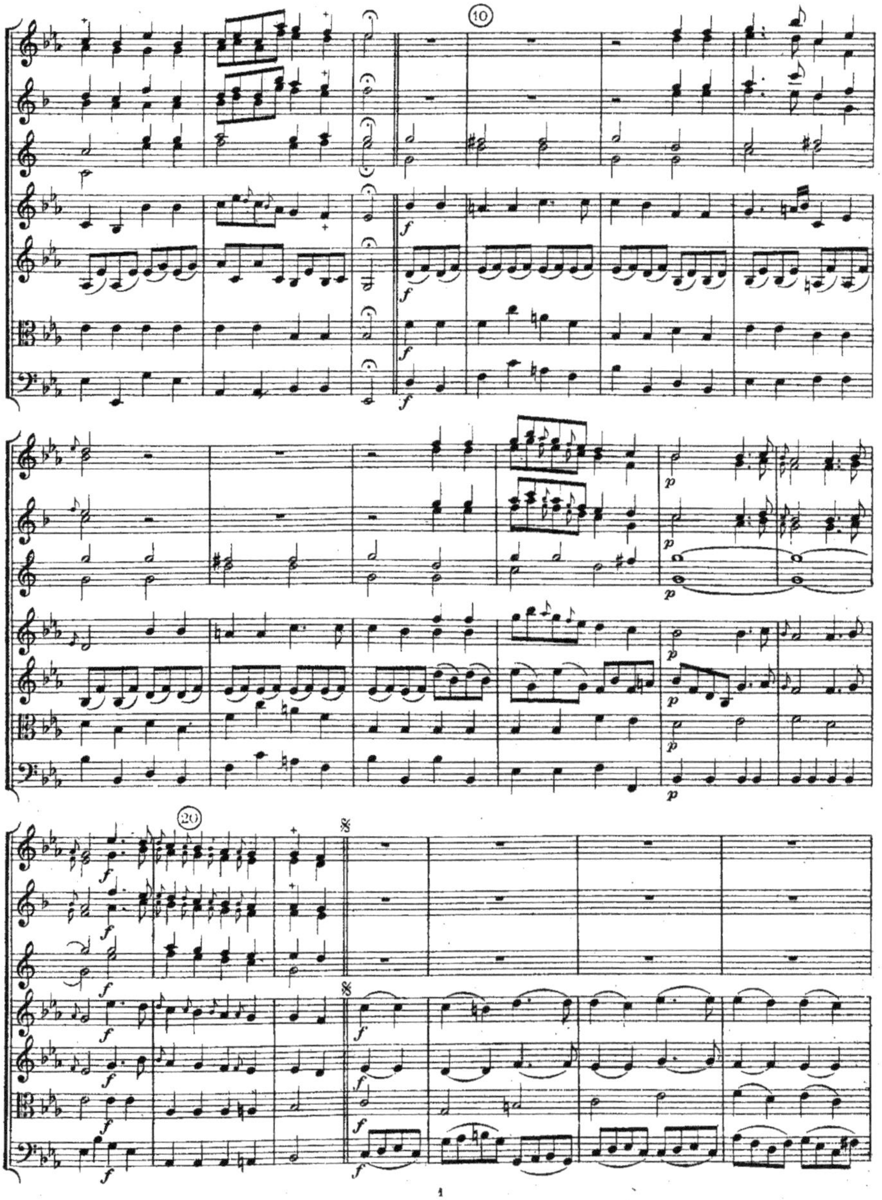
10
20
f
p

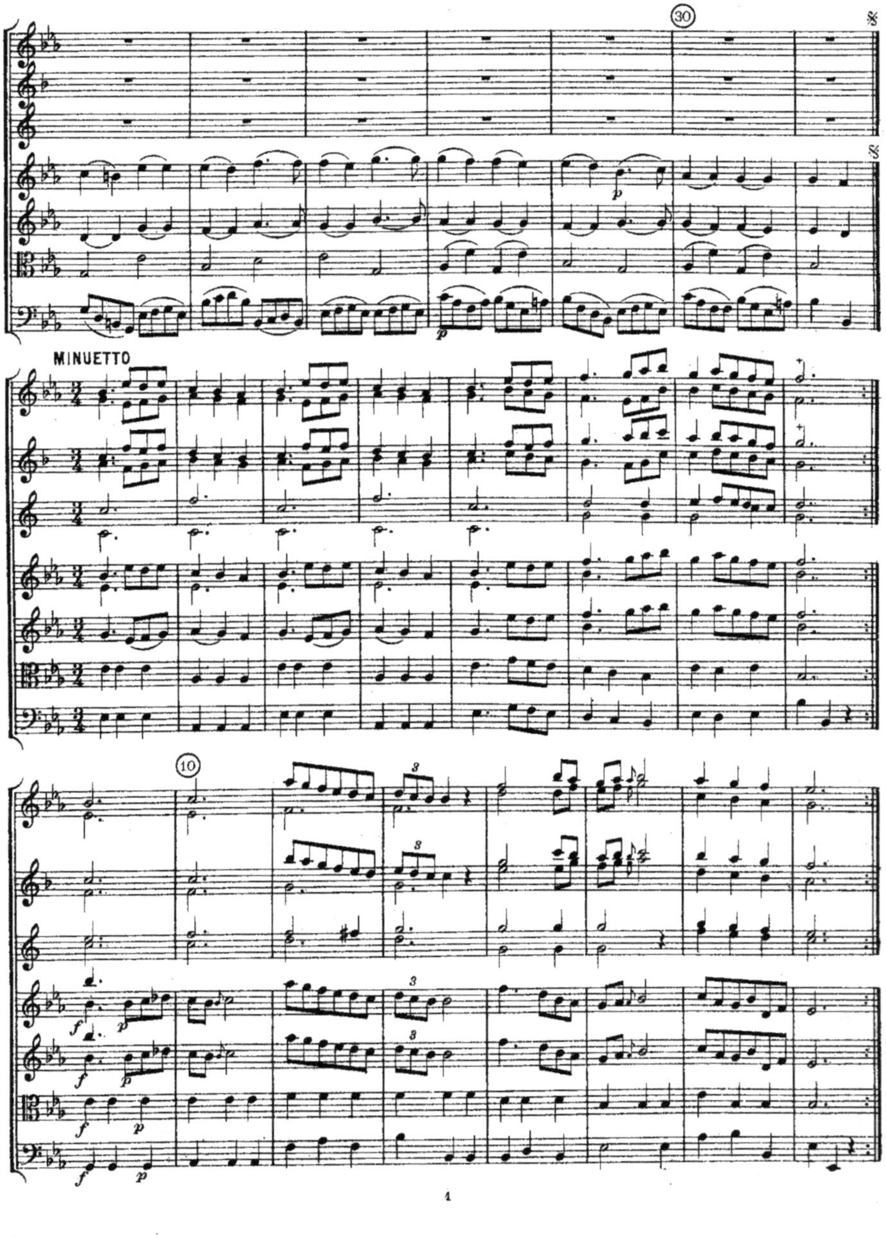
30
MINUETTO
10

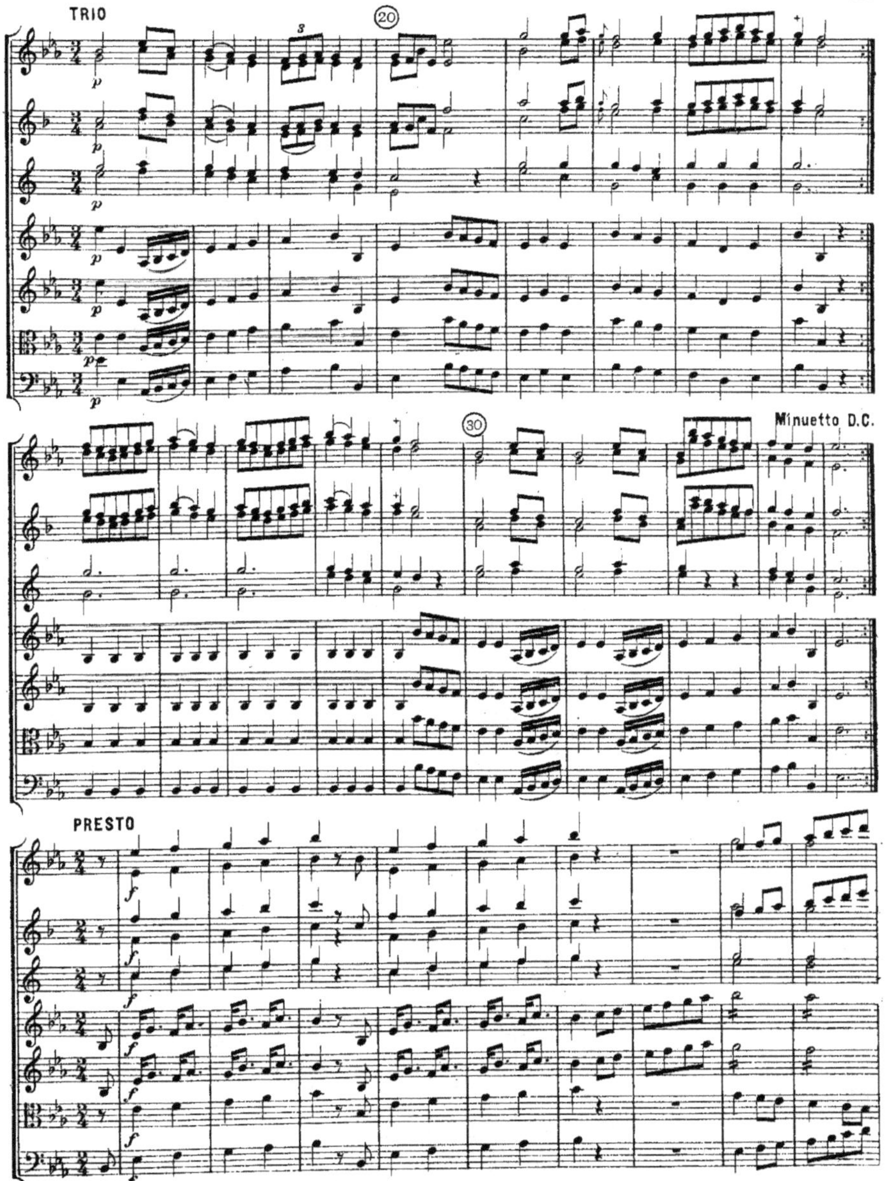
TRIO
20
30
Minuetto D.C.
PRESTO

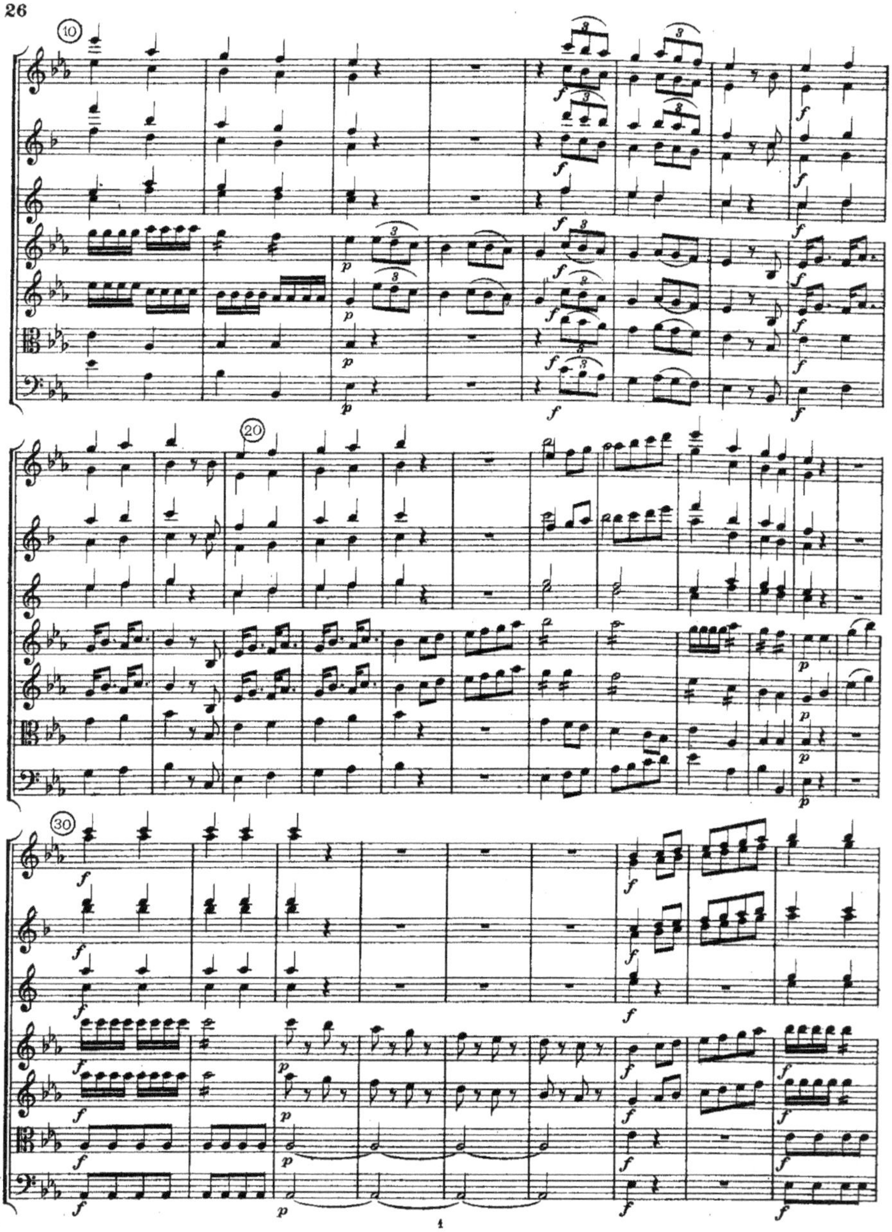
10
20
30

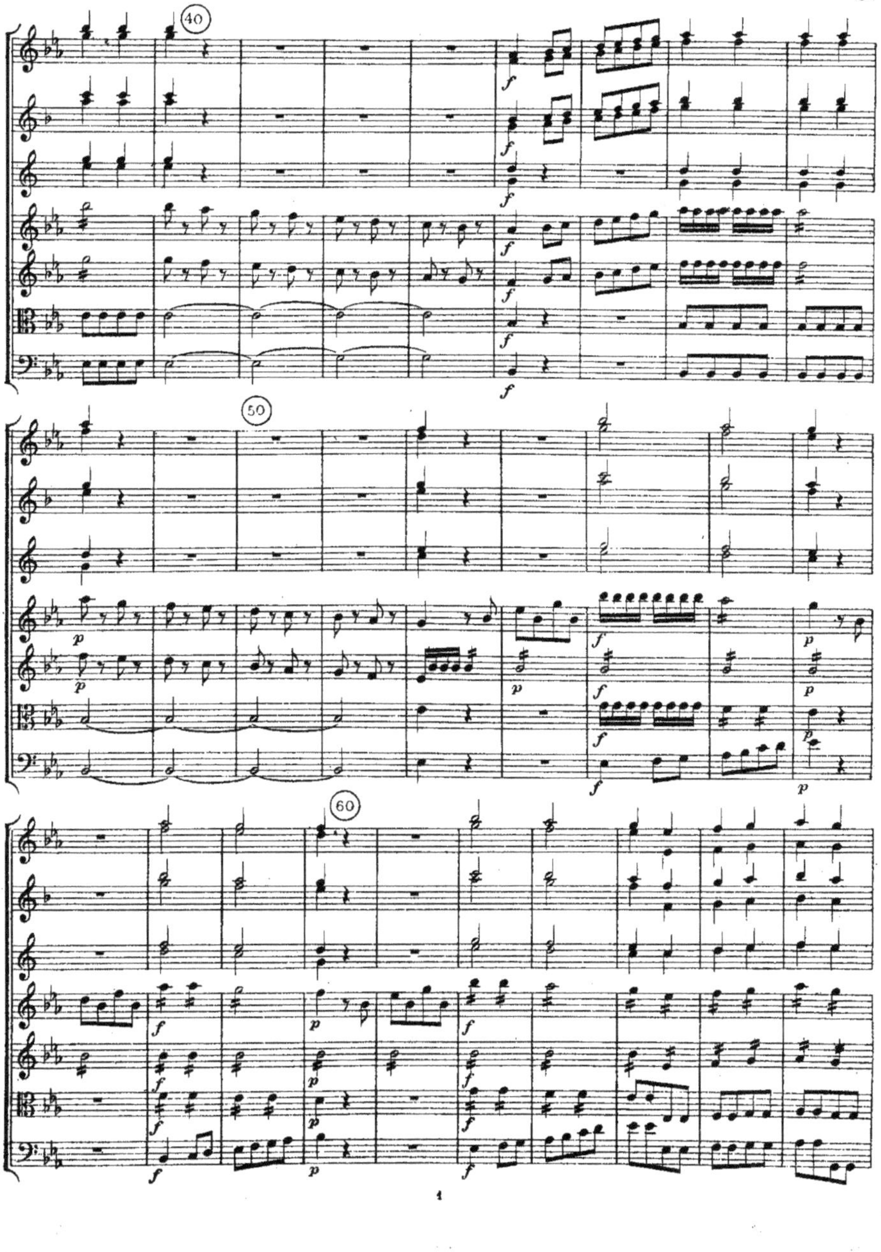
40
50
60

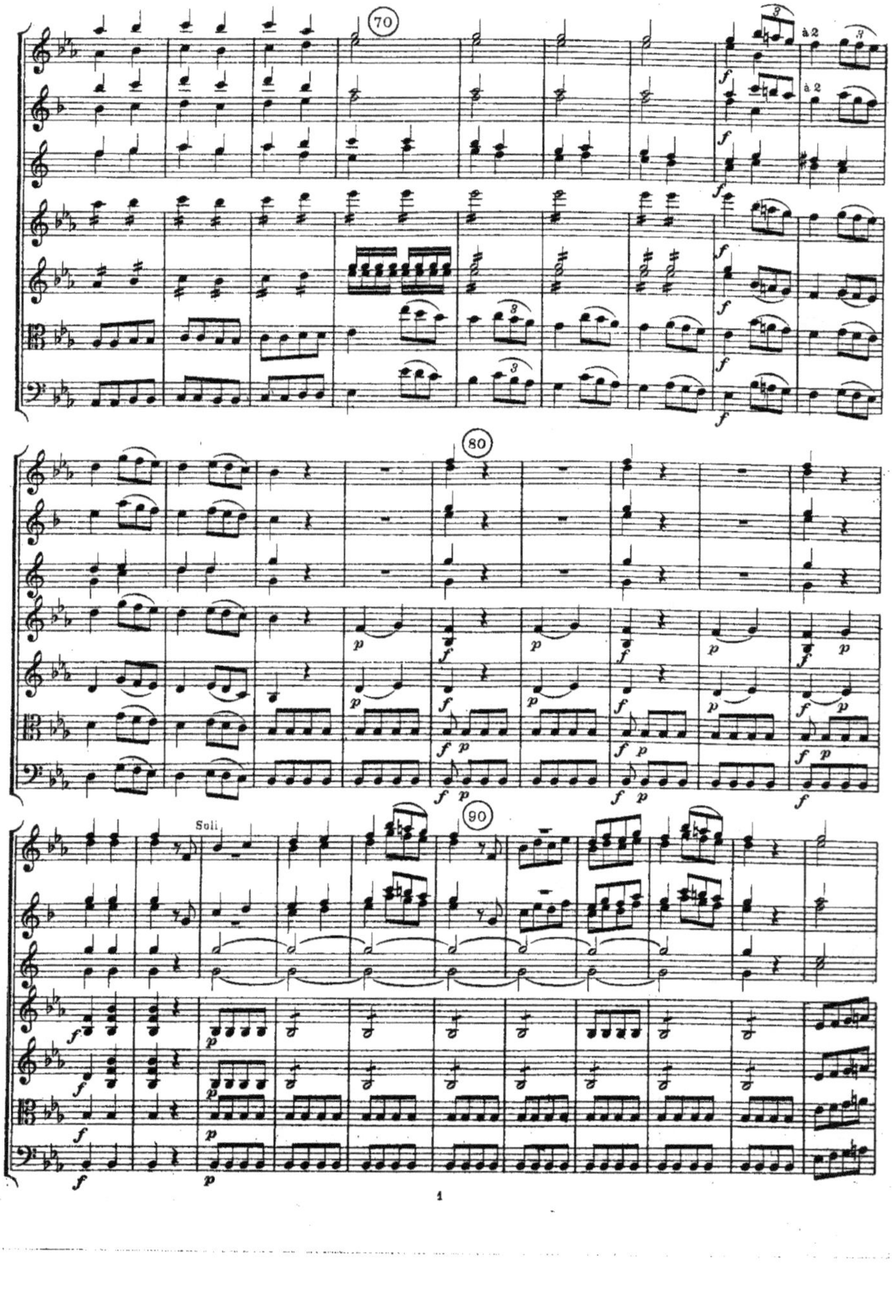
70
à 2
80
Soli
90
f
p

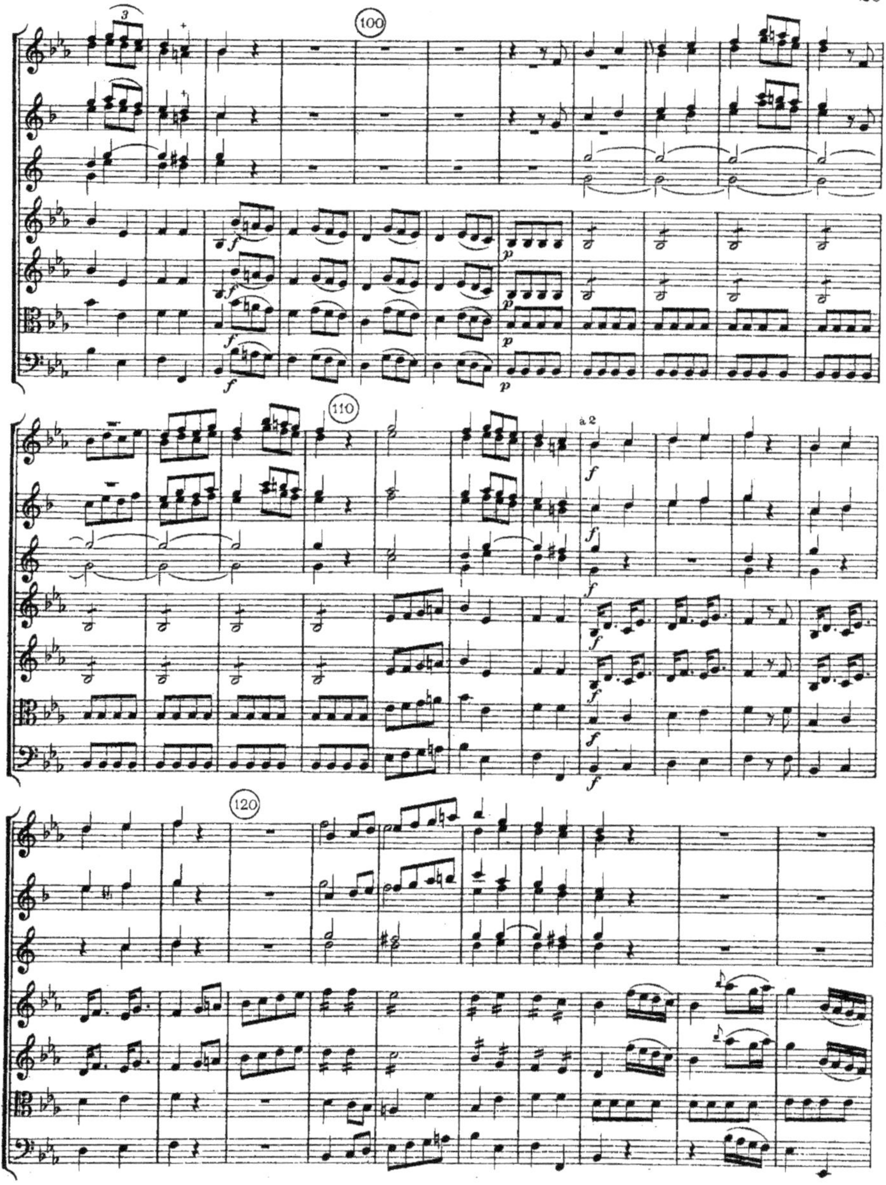
100
110
à 2
120

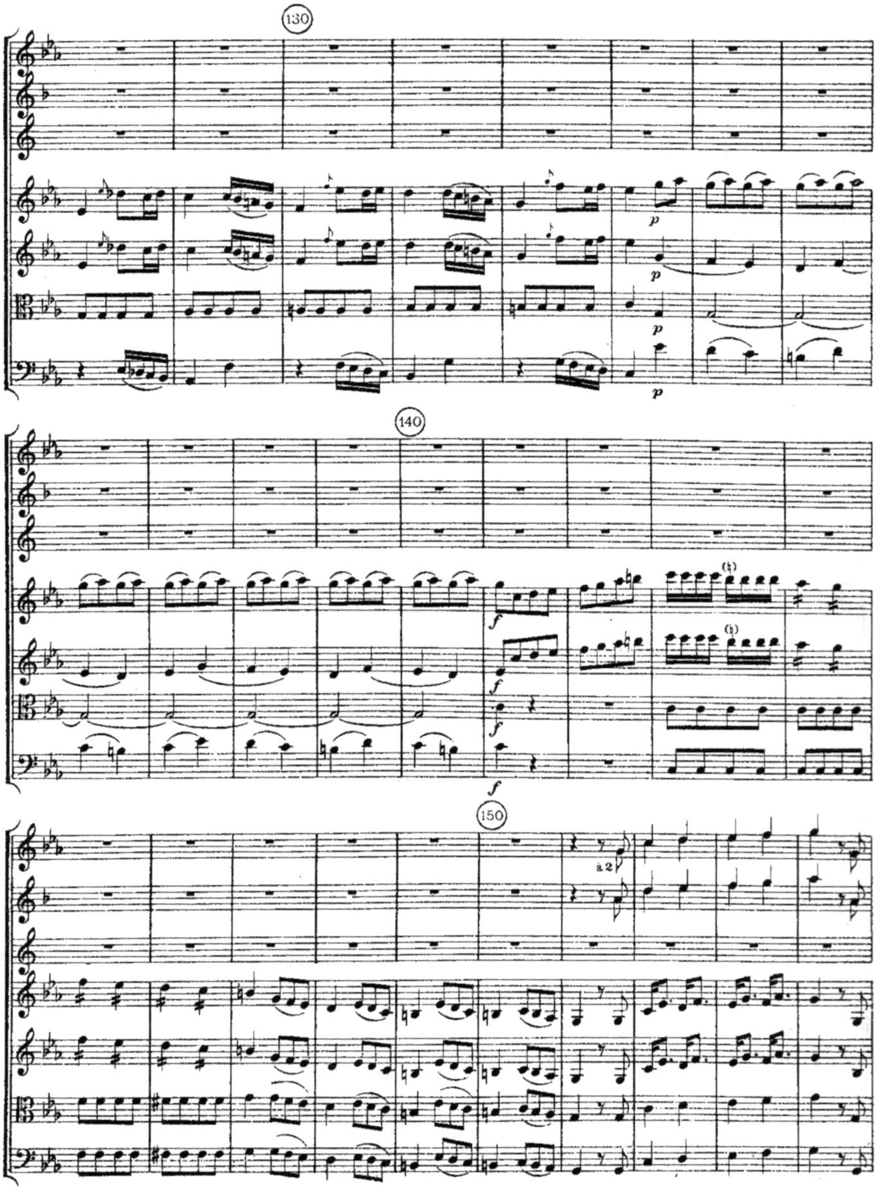

4

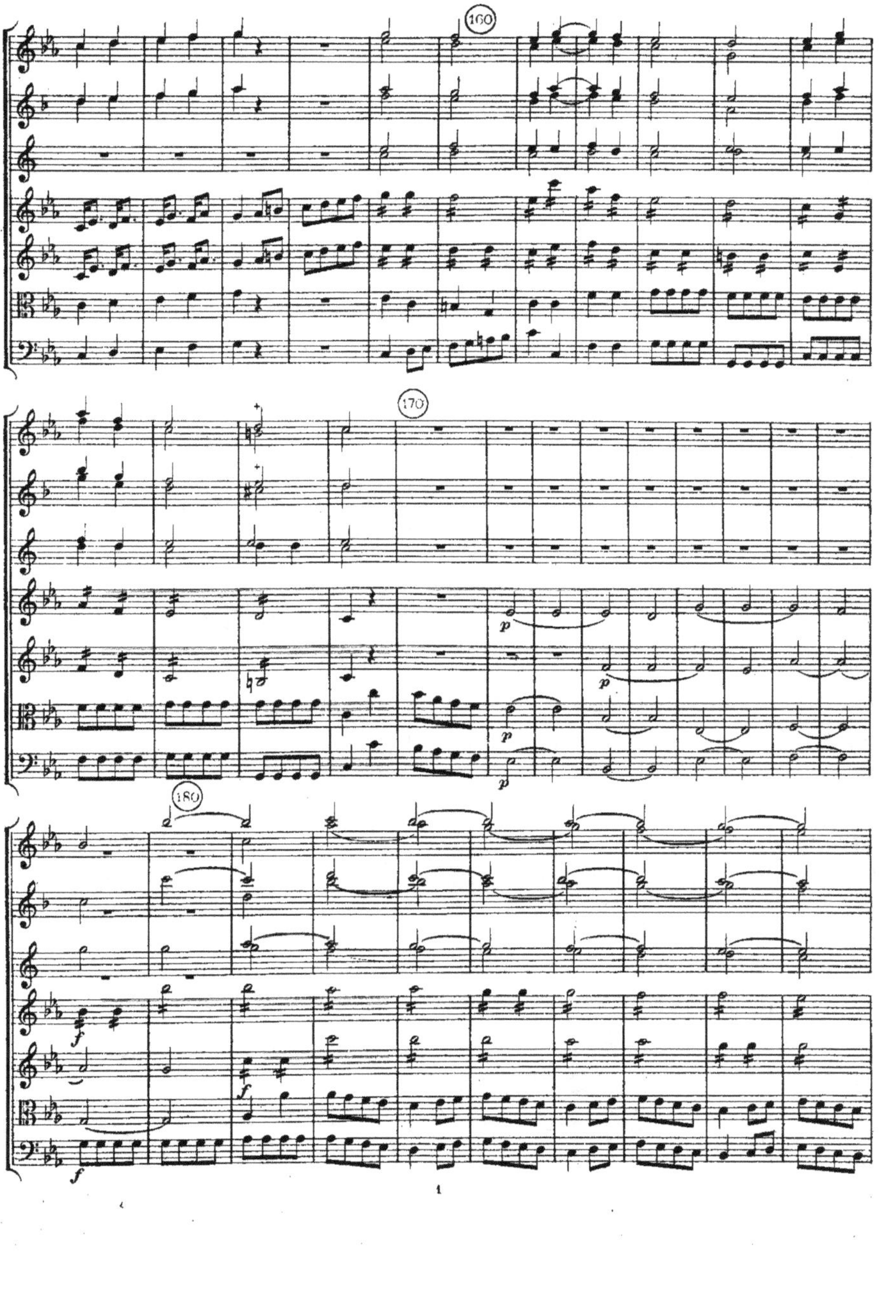
160
170
p
p
p
p
180
f
f
f

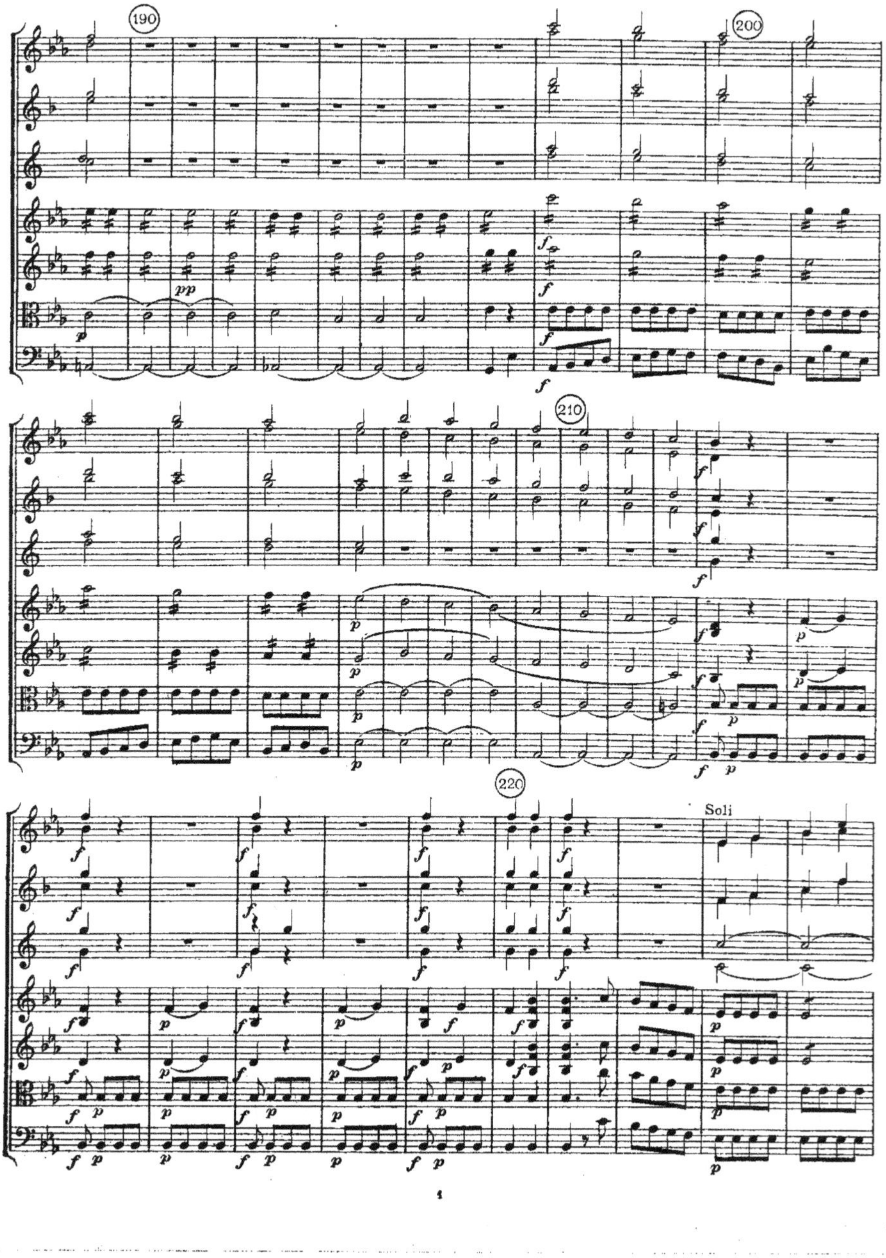
190
200
210
220
Soli

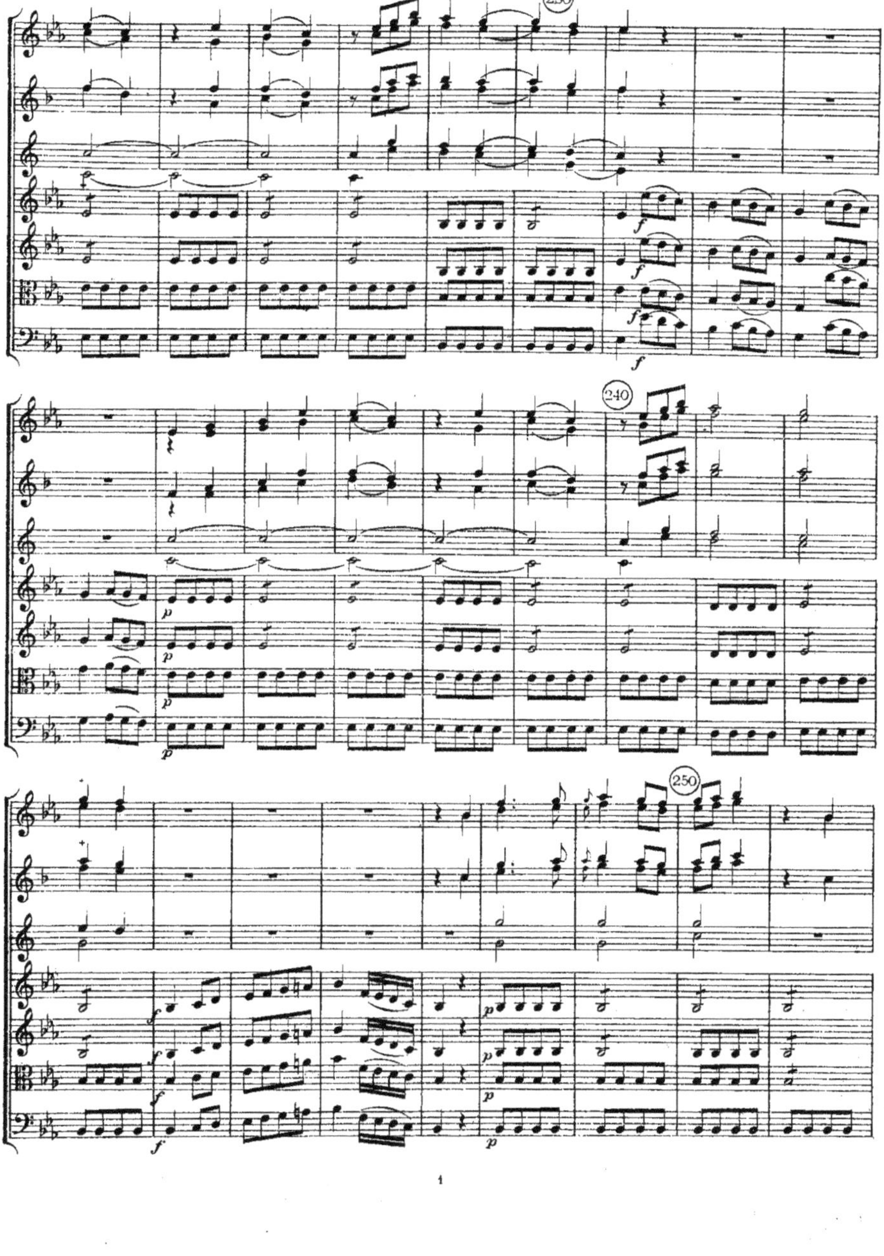
230
240
250

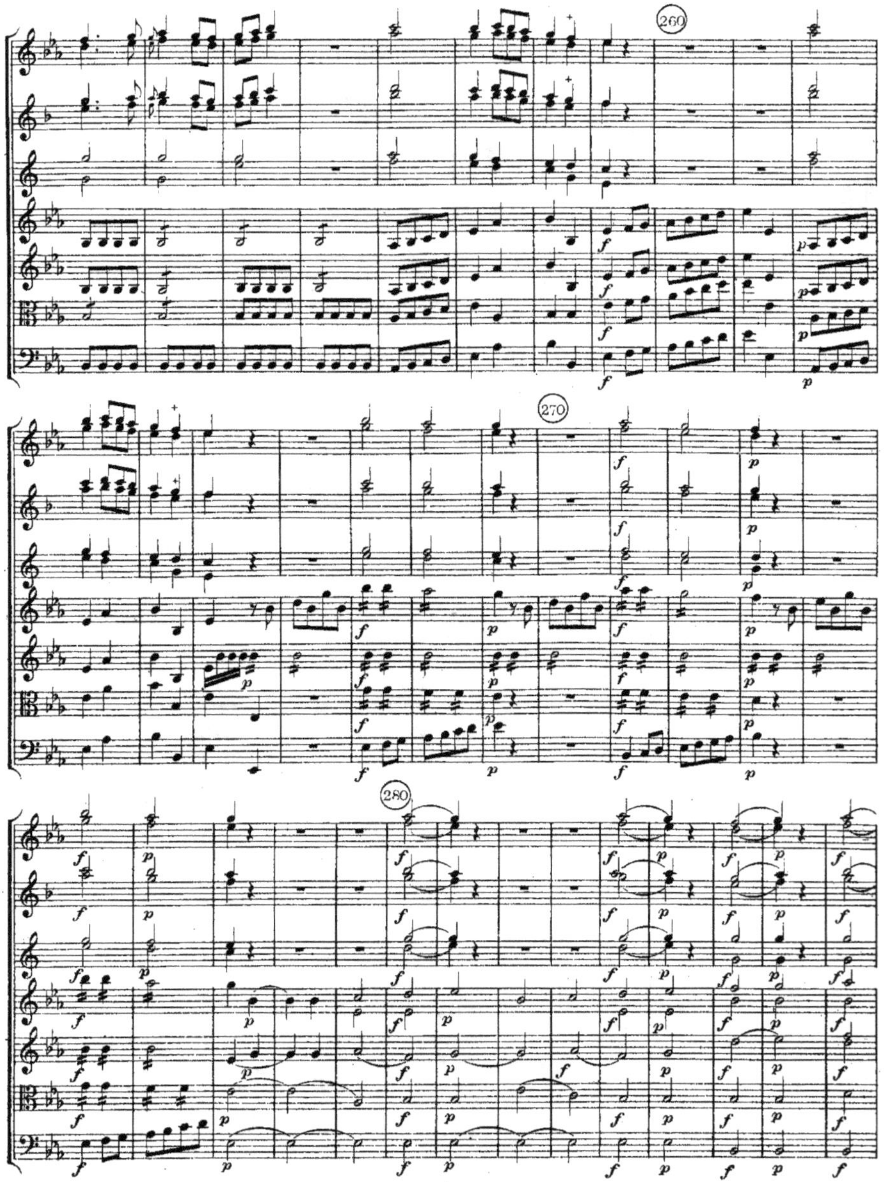
260
270
280

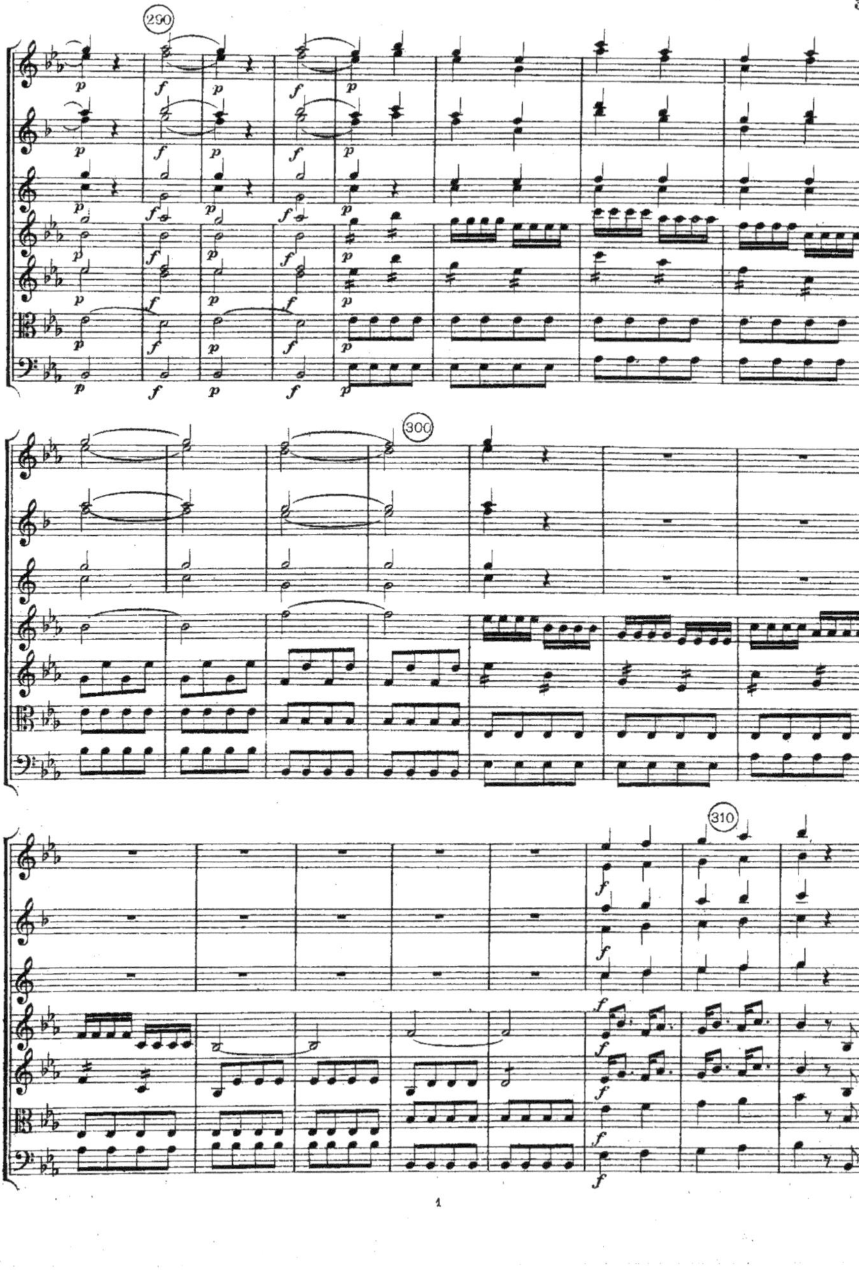
290
300
310

1

SYMPHONIE DE SCHENCKER

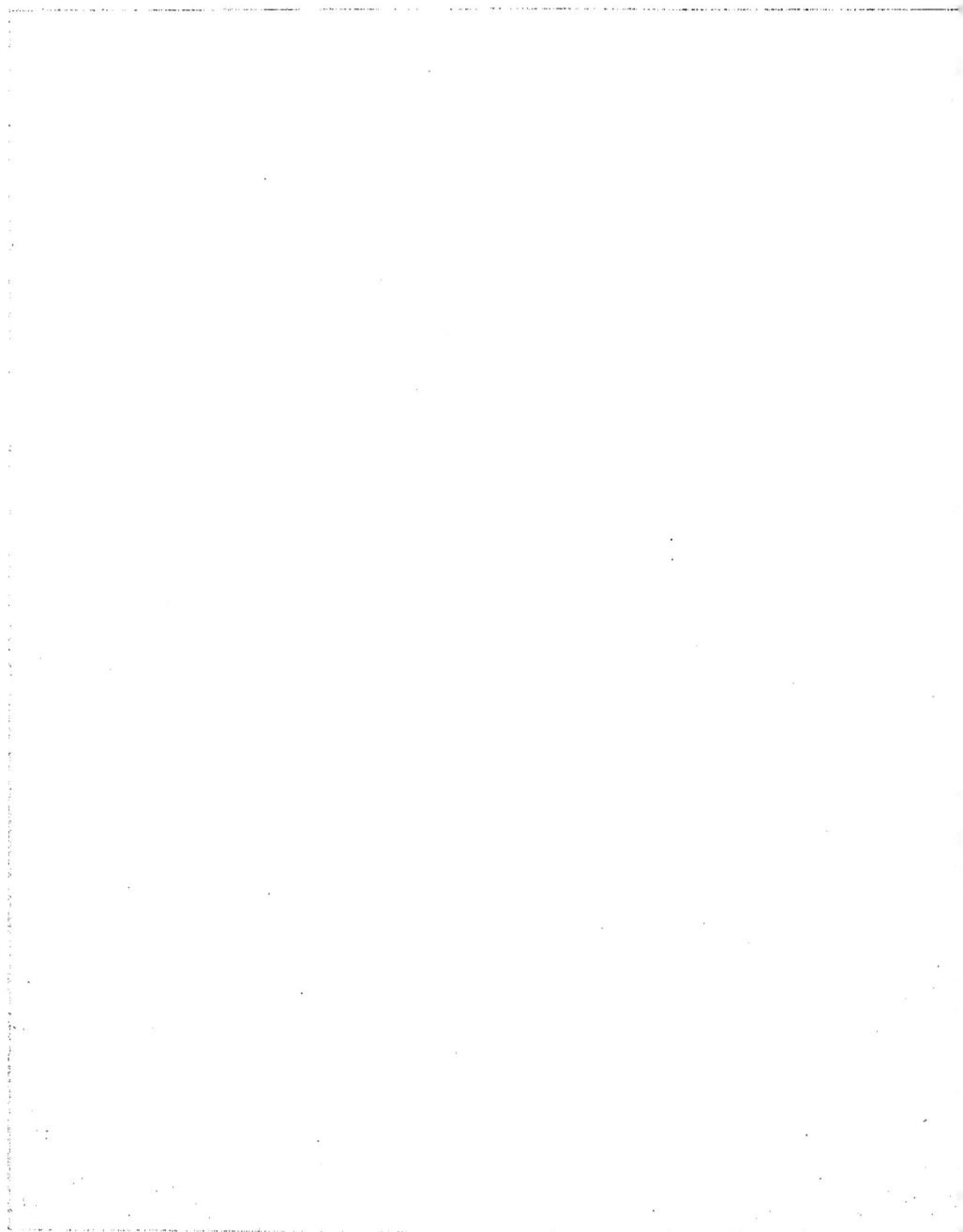

SYMPHONIE
à trois parties ou à grand orchestre

SCHENCKER, Op. I, 3
1761

Allegro assai
2 Cors - 2 Clarinettes

1

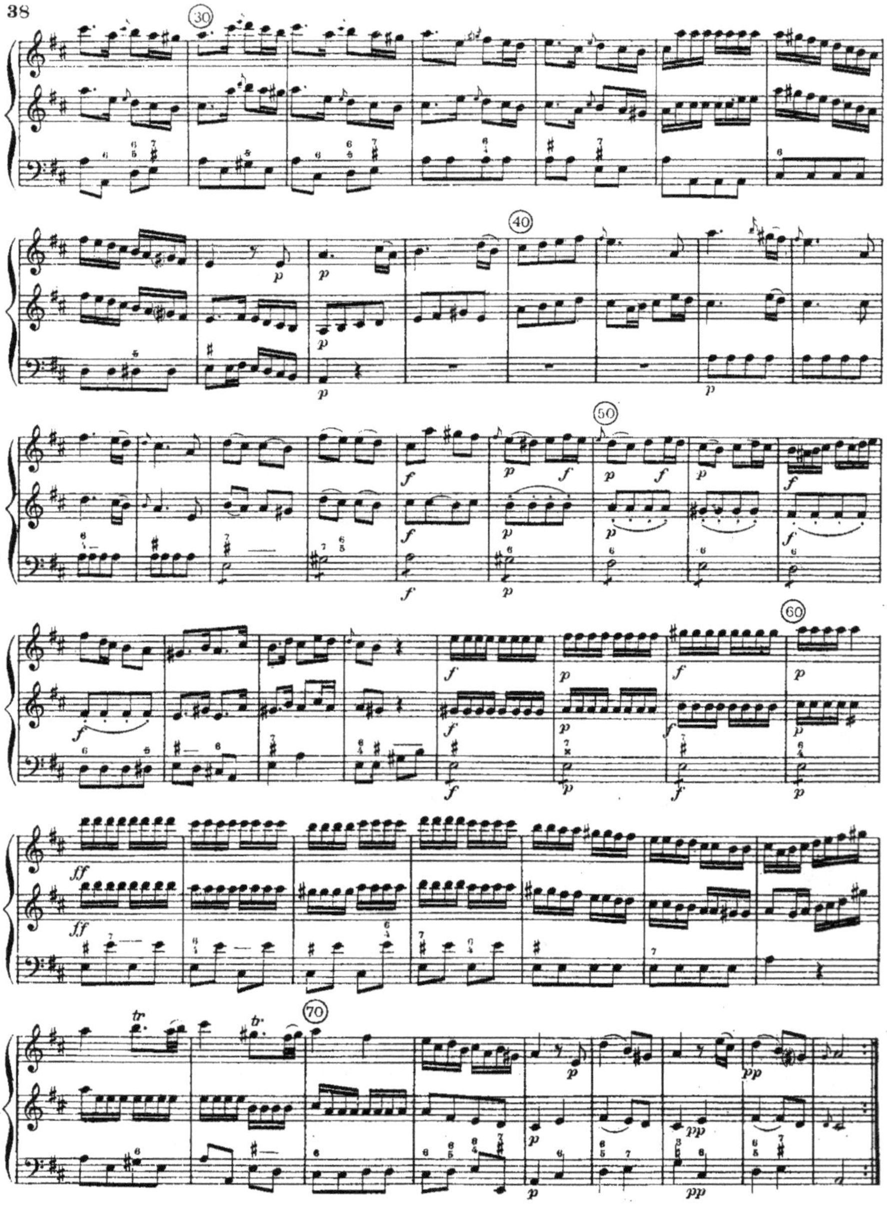
30
40
50
60
70

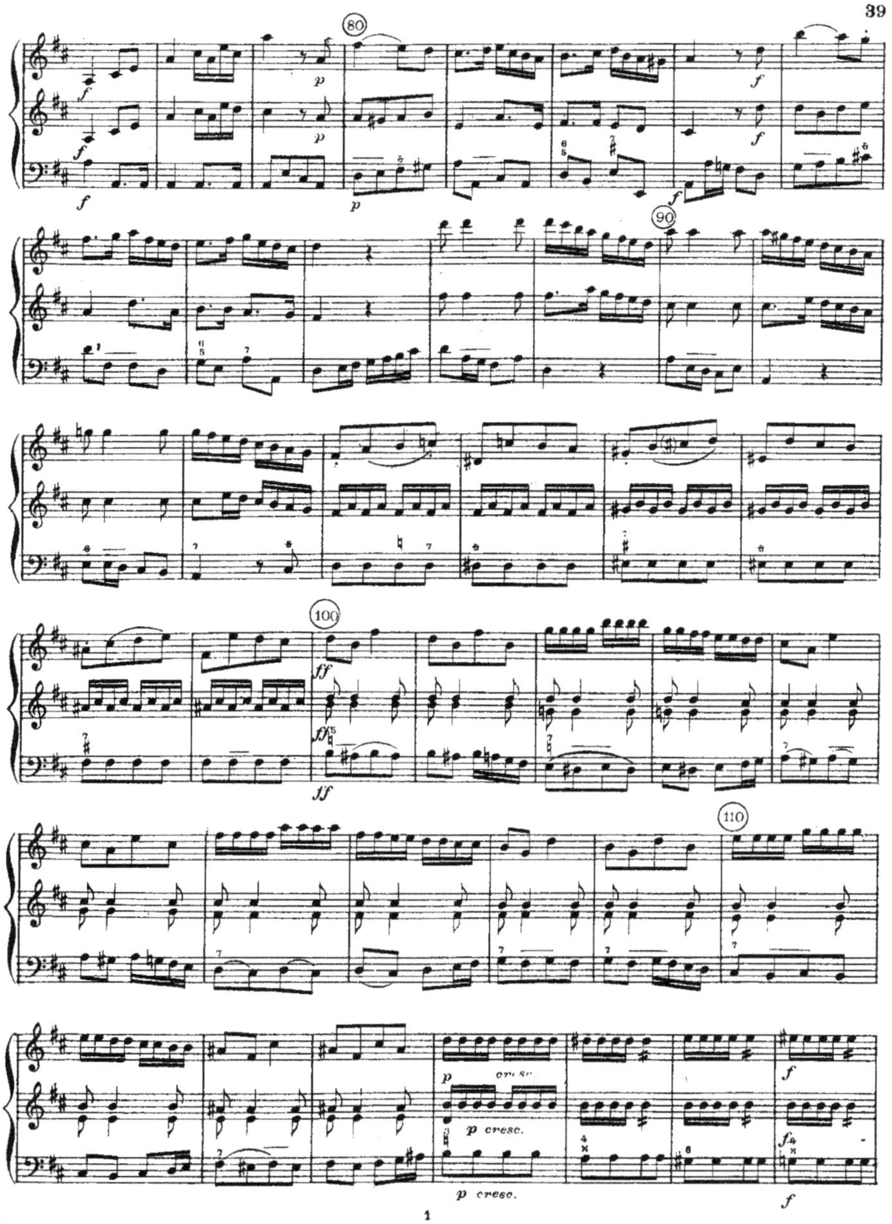
80
90
100
110
p cresc.
f

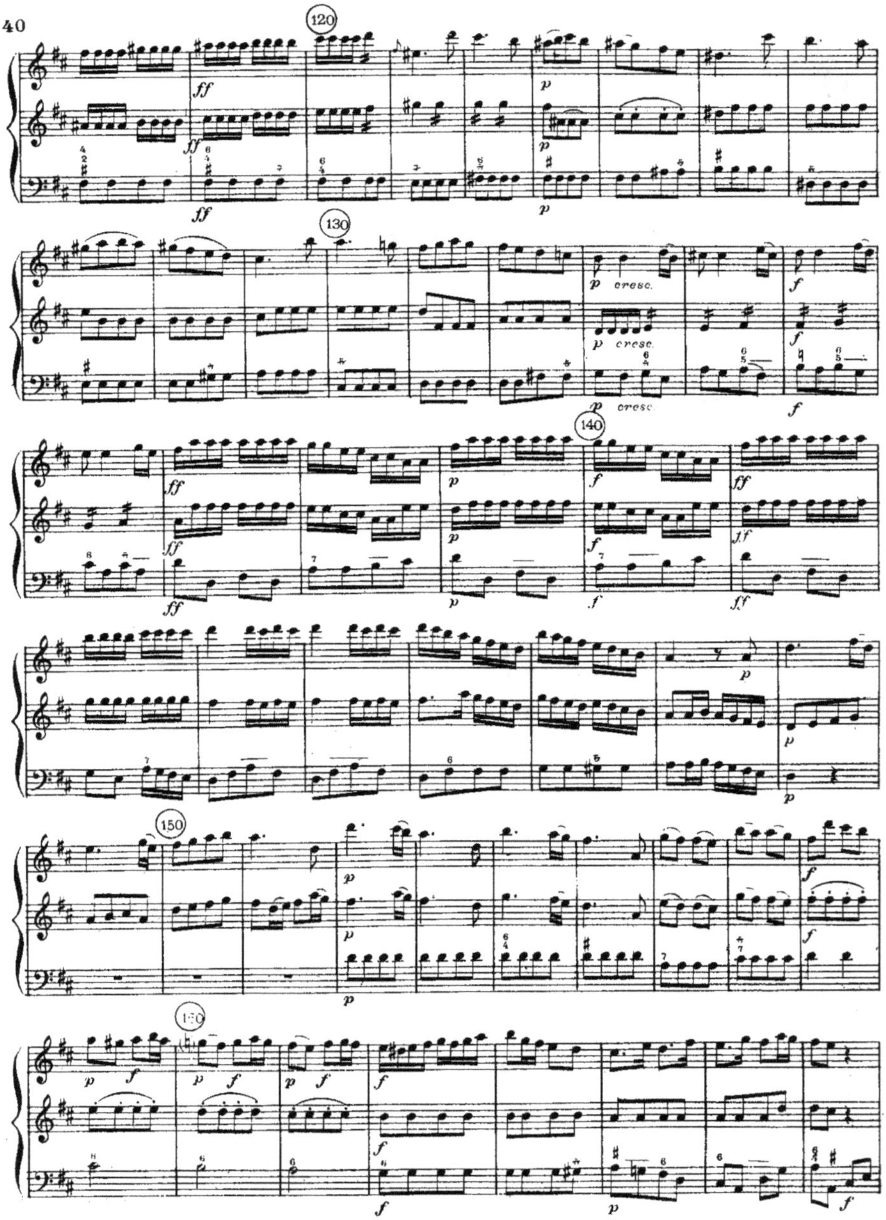
120
ff
p
130
cresc.
f
140
150

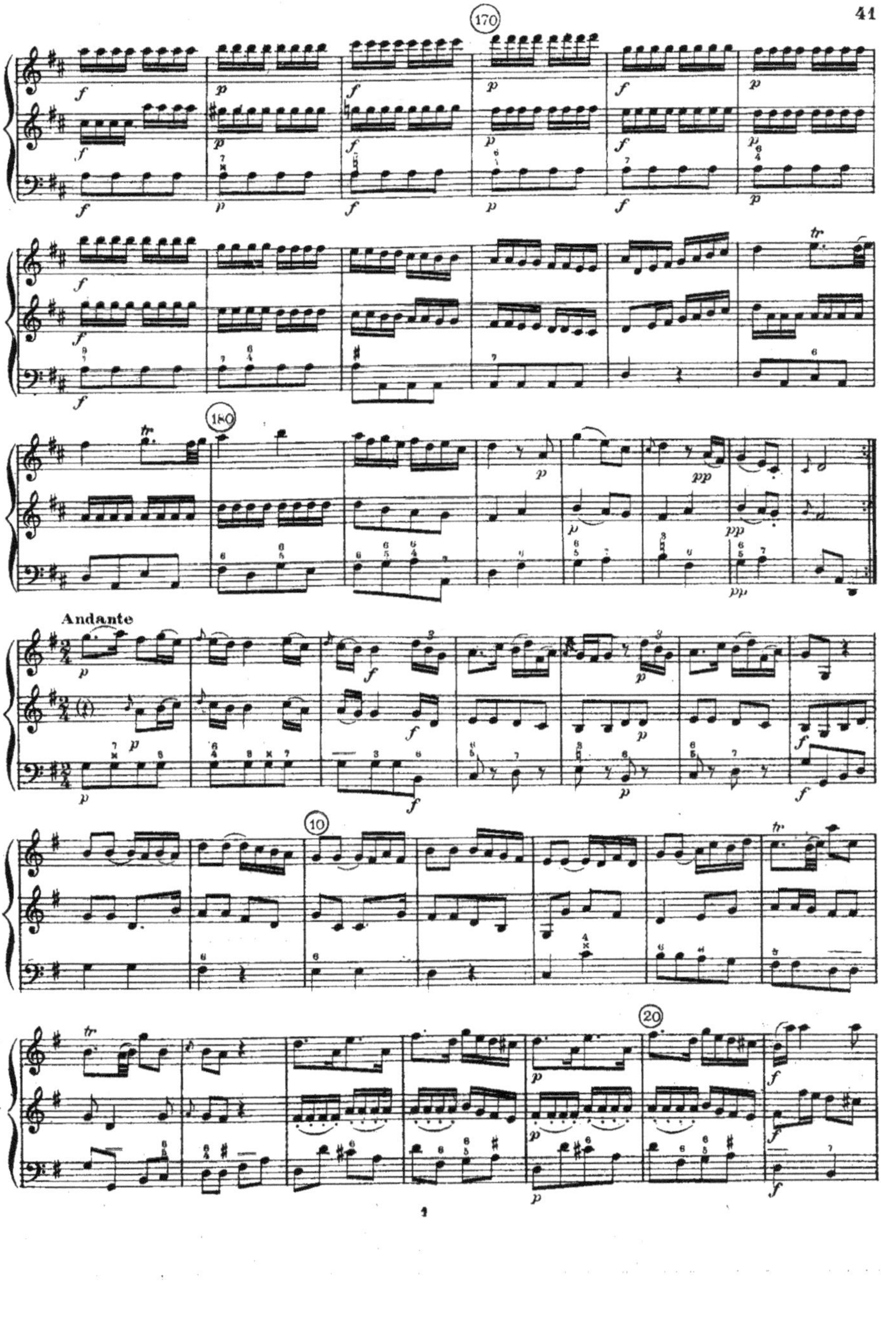
170
180
Andante
10
20

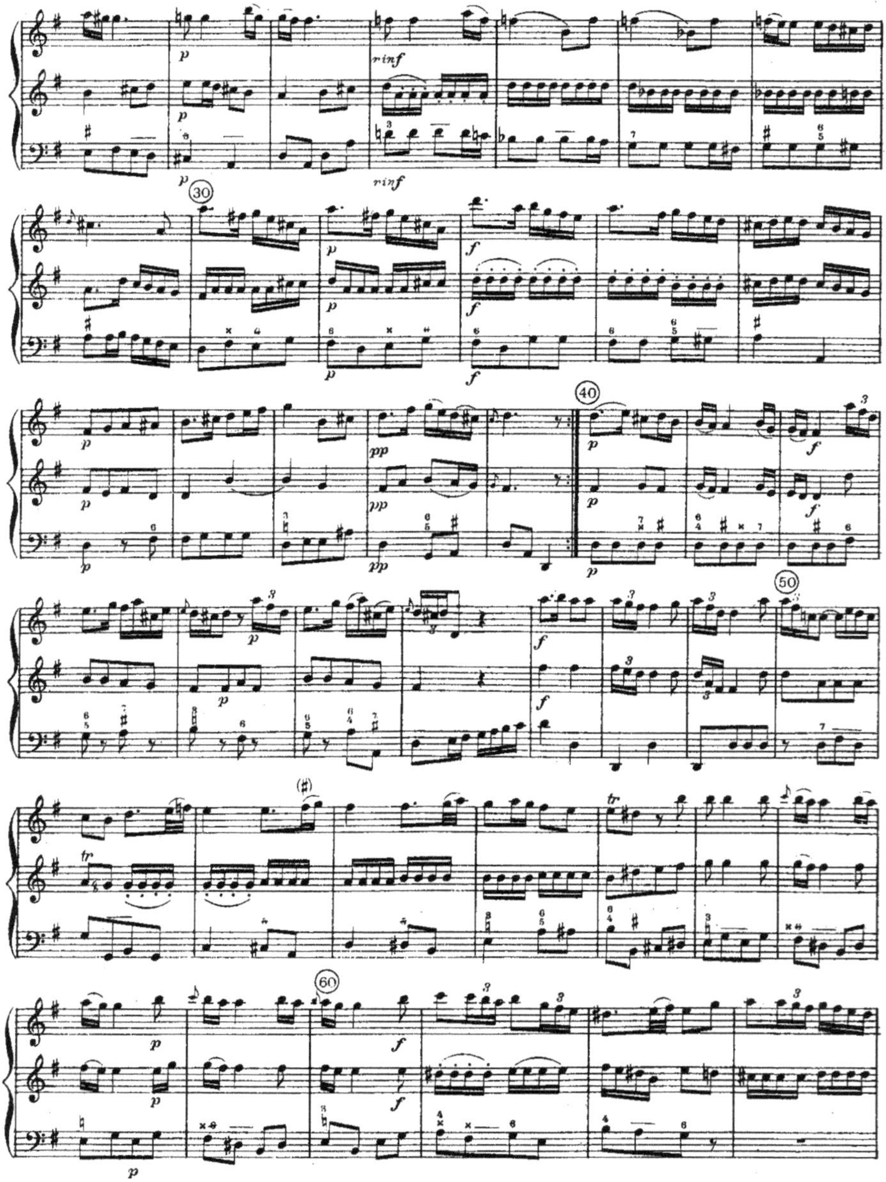
p
rinf
30
f
pp
40
50
tr
60

Presto ma non troppo

44

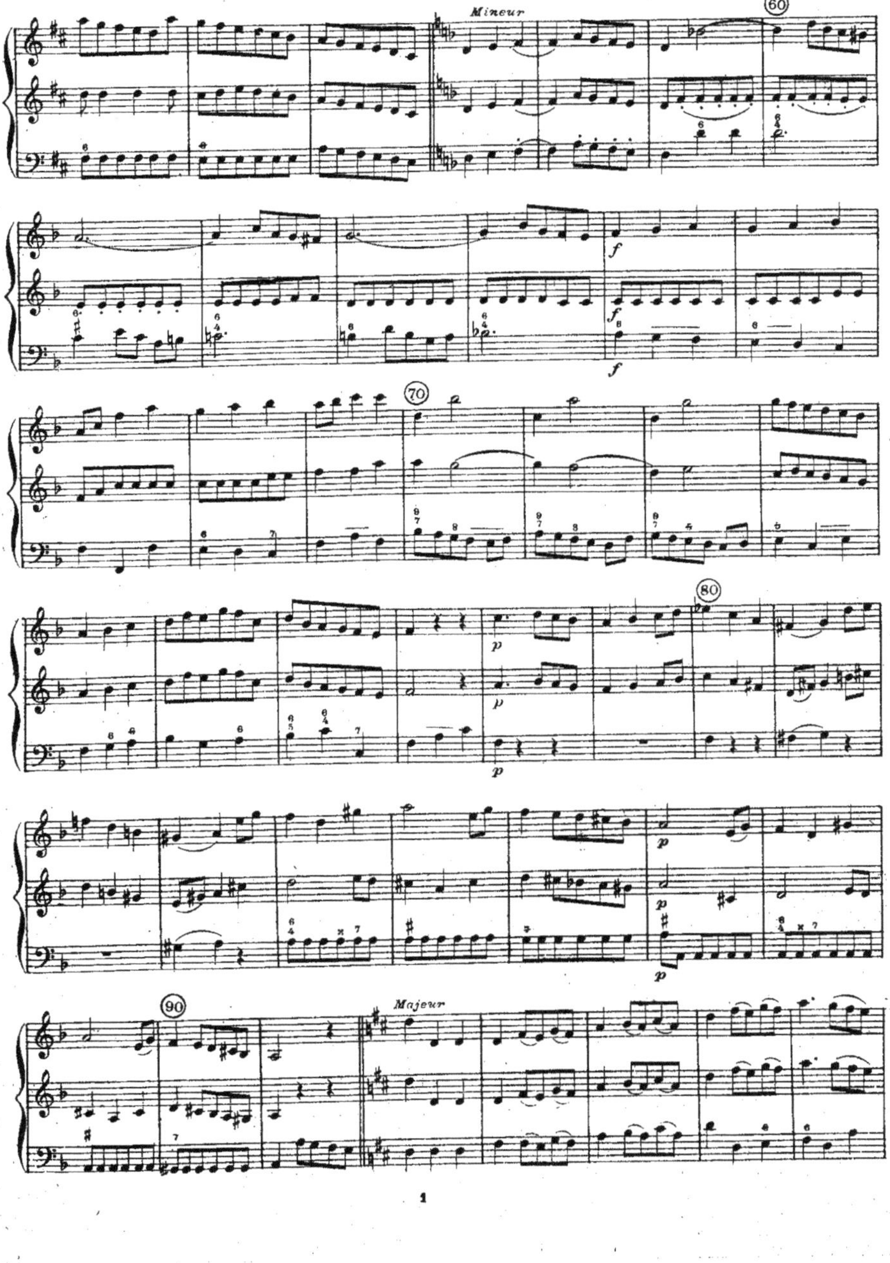
Mineur
60
70
80
90
Majeur

46

1

ŒUVRES DE GASPARD PROCKSCH

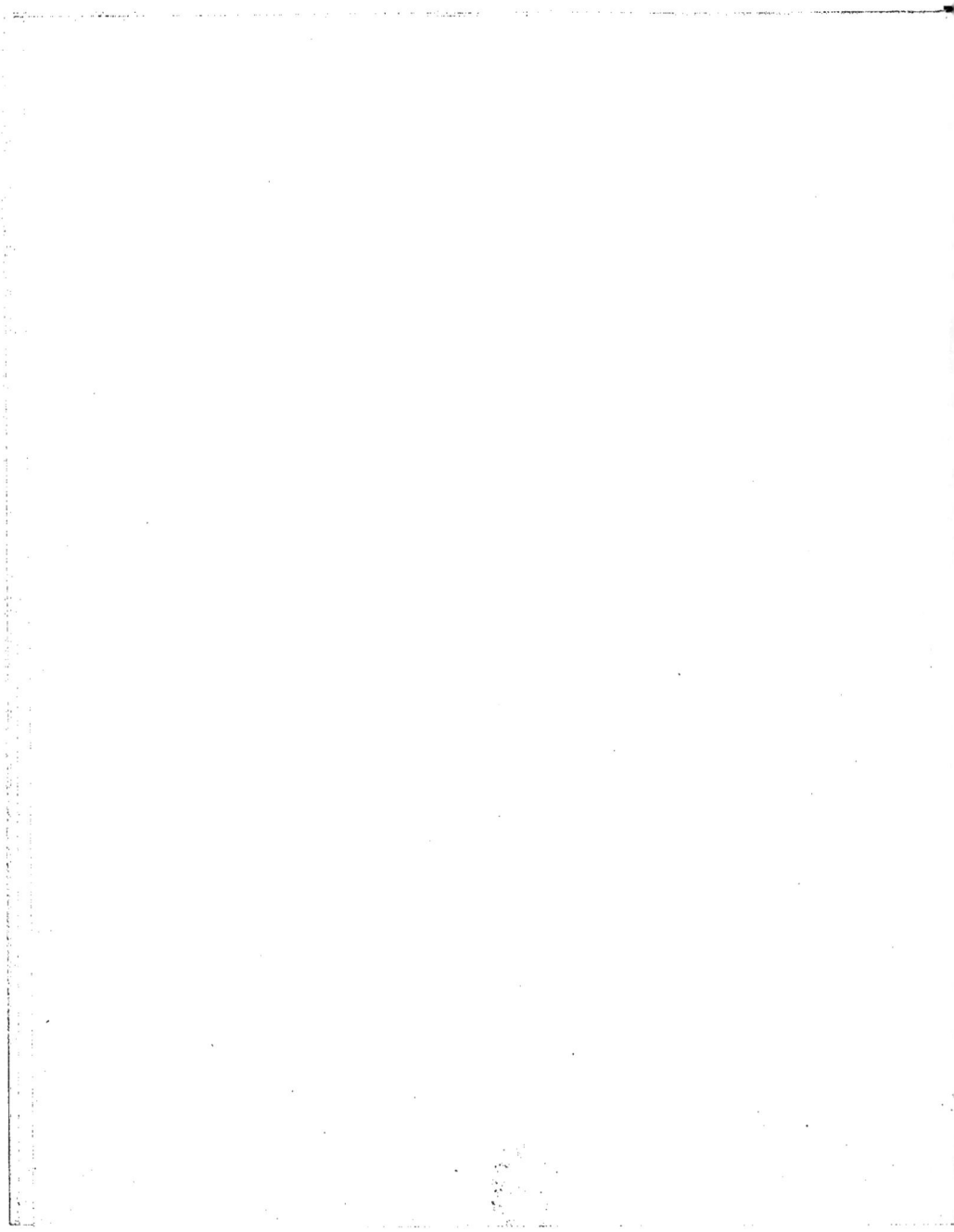

TRIO
à deux Violons et Violoncelle

GASPARD PROCKSCH, Op. VII, 2
vers 1775

BIBLIOTH. NATIONALE MUSIQUE

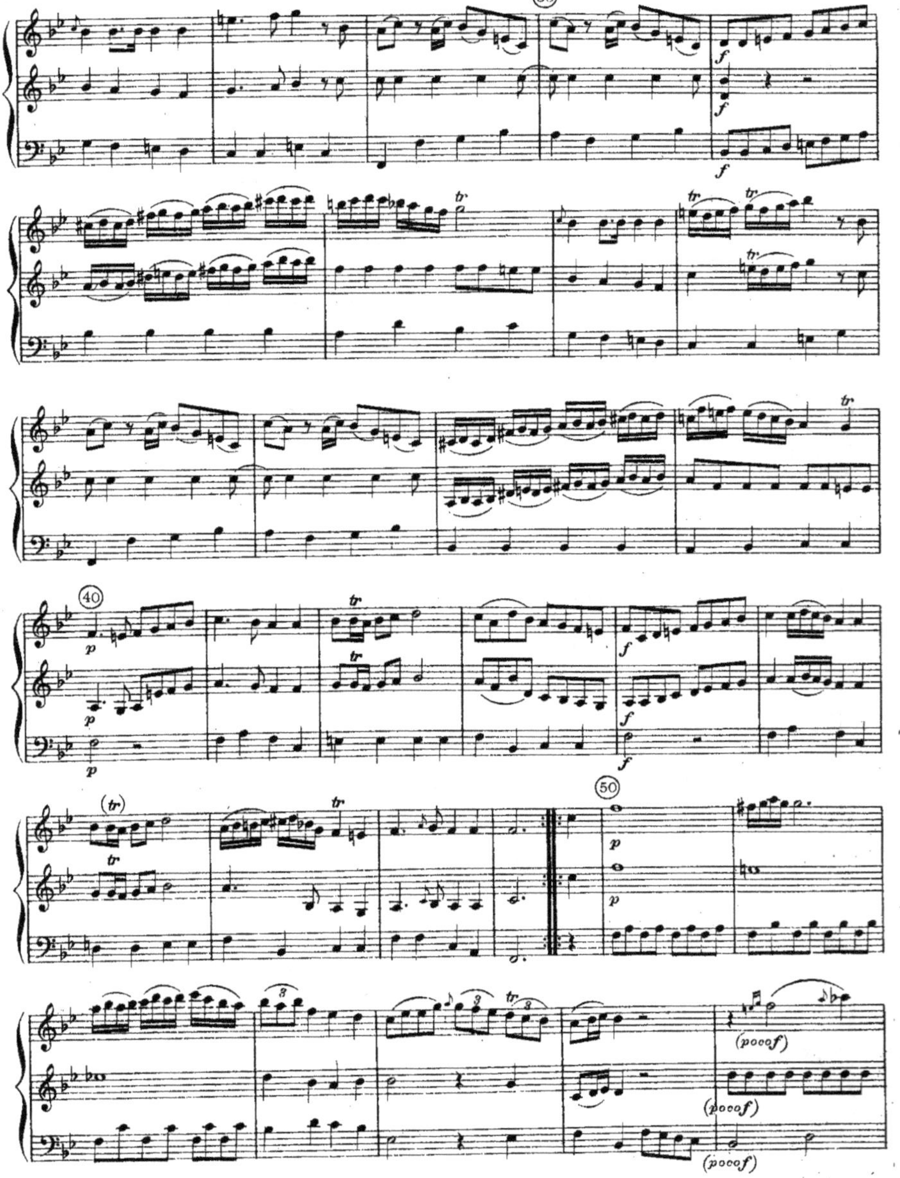
30
f
tr
40
p
50
(tr)
(poco f)

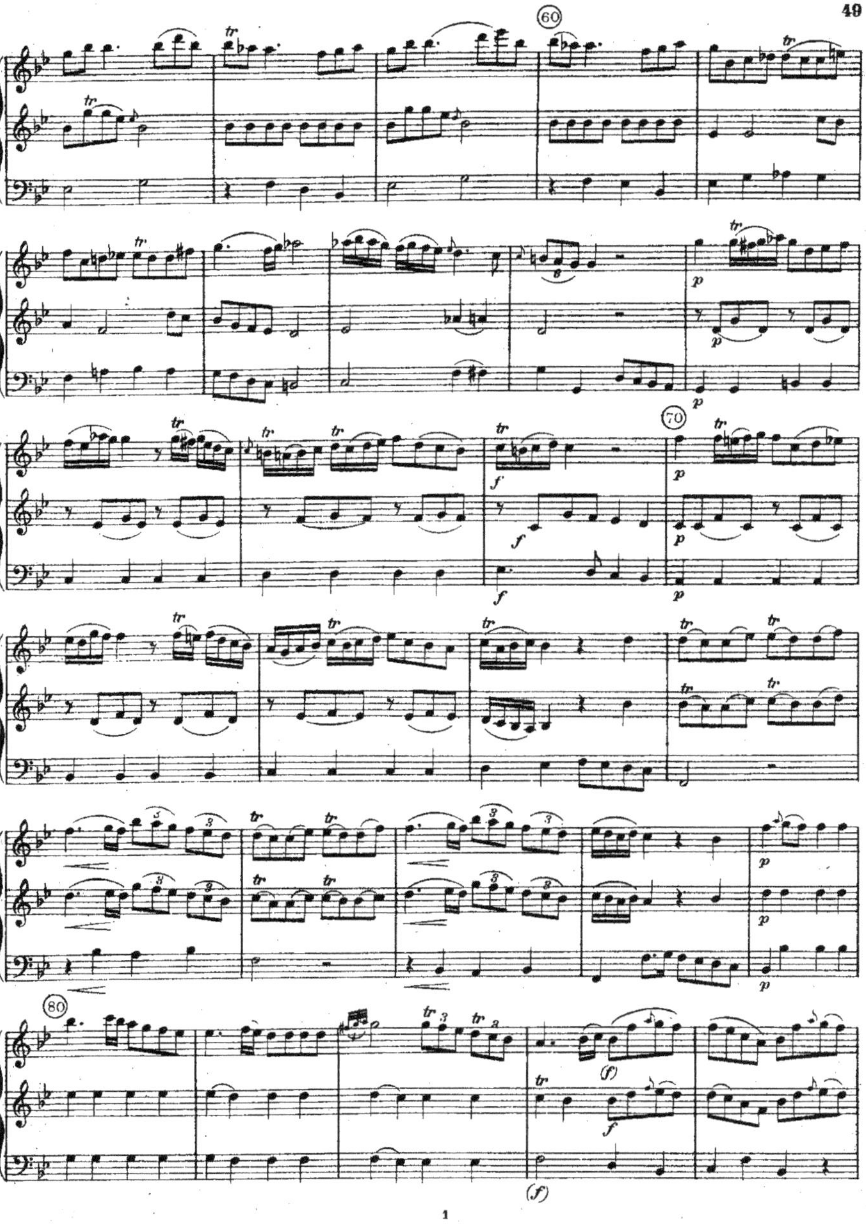
60
70
80

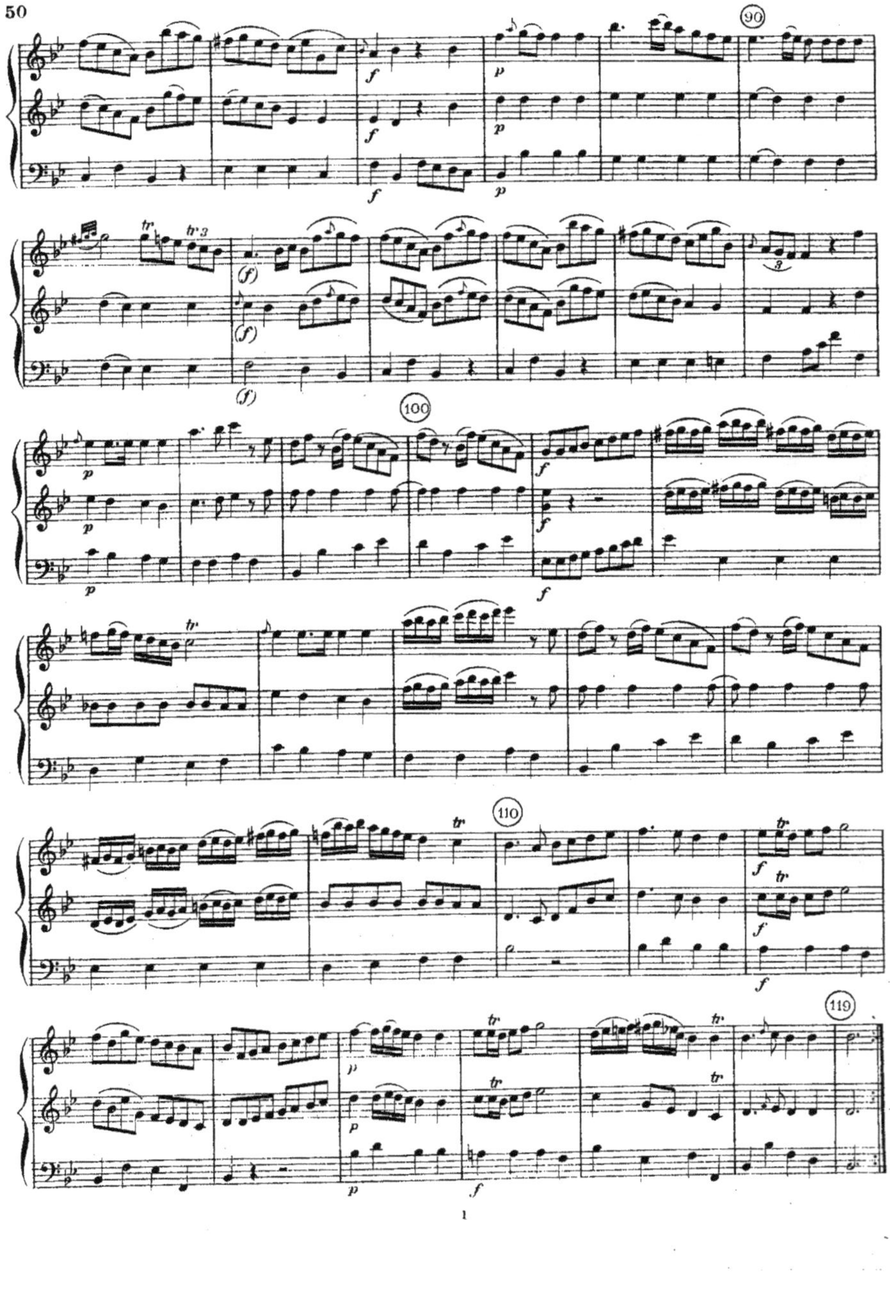
90
100
110
119
tr
f
p
(f)

Tempo di Minuetto

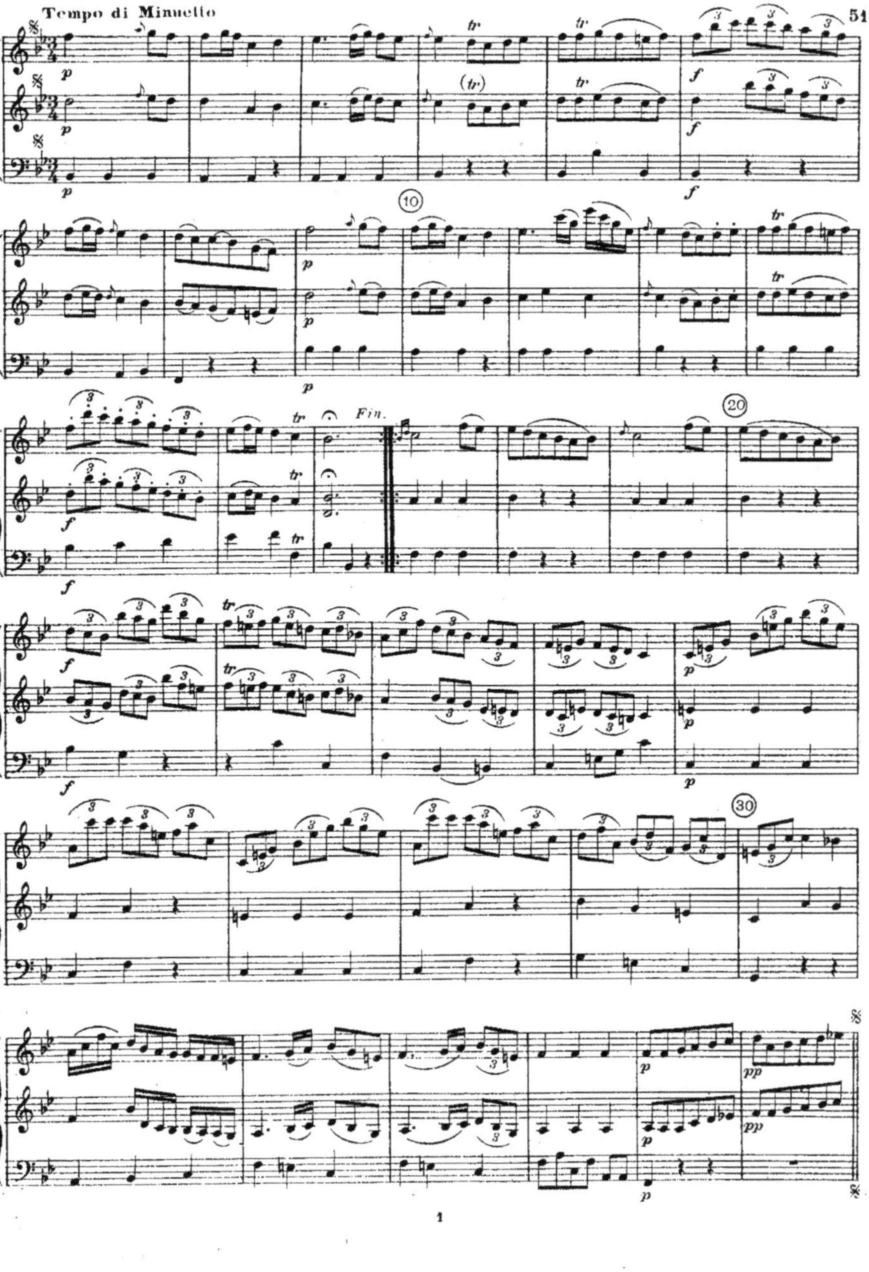

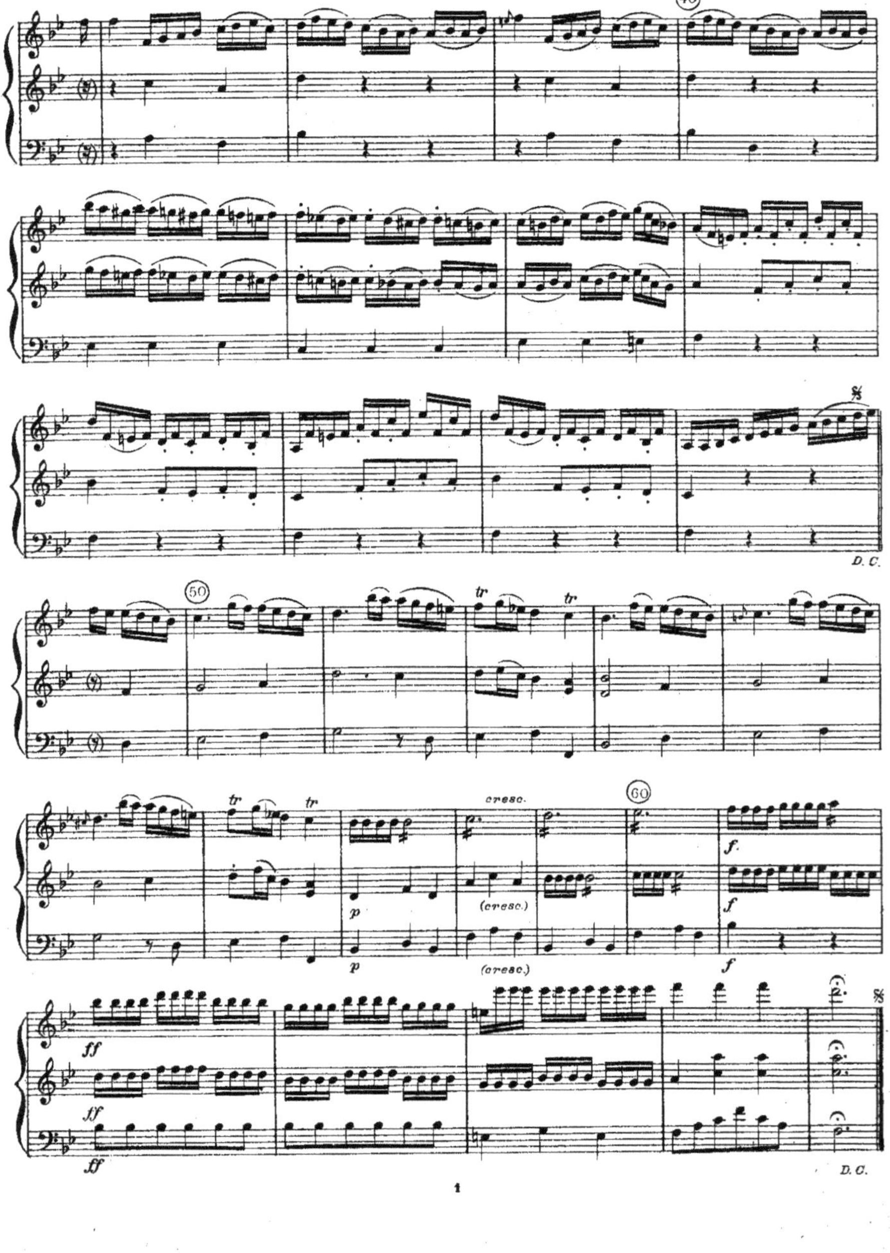
40
D. C.
50
tr
tr
cresc.
60
p
(cresc.)
f
ff
D. C.

PIÈCES
pour deux Cors ou deux Clarinettes

GASPARD PROCKSCH
vers 1776

POLONAISE

Fin

CHASSE

1

BOITEUSE

BOURRÉE

Imprimerie Rœder, Paris.

BIBLIOTH. NATIONALE

BIBLIOGRAPHIE

I. AUTEURS DU XVIIe ET DU XVIIIe SIÈCLE [1]

ANCELET : *Observations sur la musique, les musiciens et les instruments.* — Amsterdam, 1757, in-8°.

BOISGELOU (L. P. Rouallé de) : *Catalogue des livres de la Bibliothèque du Roi qui traitent de la musique.* — Manuscrit, 1787, in-f°. — B. N. Rés. V^m 8 26.

BOLLIOUD DE MERMET : *De la corruption du goust dans la musique française.* — Lyon, 1746, in-16.

BROSSES (Ch. de) : *Lettres familières écrites d'Italie en 1739 et 1740.* — Ed. de 1885, 2 vol. in-16.

BURNEY (Ch.) : *De l'Etat présent de la musique.* — Trad. Brack, Gênes, 1809-1810, 3 vol. in-8°.

FAVART (Ch. S.) : *Théâtre.* — Ed. Duchesne, 1763, 10 vol. in-8°.

FRANCŒUR (Neveu) : *Traité général des voix et des instruments d'orchestre* [Ed. originale 1772, d'après Fétis]. Ed. Choron, Paris, s. d., in-f°.

GERBER (E. L.) : *Historisch.-Biographisches Lexicon der Tonkünstler.* — Leipzig, 1790-1792, 2 vol. in-8°.

GOSSEC (F. J.) : *Notes concernant l'introduction des cors dans les orchestres.* — Revue Musicale de Fétis, V, 1829, 217-223.

LA BORDE (B. de) : *Essai sur la musique ancienne et moderne.* — Paris, 1780, 4 vol. in-4°.

MARPURG (F. W.) ; *Historisch.-Kritische Beytraege zur Aufnahme der Musik.* — Berlin, 1754-1778, 5 vol. in-16.

(MARPURG) METAPHRASTES : *Legende einiger Musikheiligen.* — Cologne, 1786, in-8°.

MATTHESON (J.) : *Das neu-eröffnete Orchestre.* — Hambourg, 1713, in-16.

MERSENNE : *Harmonicorum libri XII.* — Paris, 1636, in-f°.

RAMEAU (J. Ph.) : *Œuvres.* — Tomes I-XVI, 1894-1911. Paris, Durand, in-f°.

WALTHER (J.-G.) : *Musikalisches Lexikon.* — Leipzig, 1732, in-8°.

PÉRIODIQUES — ANNUAIRES

ALMANACHS-FACTUMS [2]

Affiches de Paris et avis divers, 1747-1751 (pas de pagination).

Affiches, annonces et avis divers, ou *Annonces, affiches et avis divers,* 1751-1770 (1 vol. par an).

Almanach historique du Théâtre ou Calendrier historique et chronologique de tous les Spectacles, 1751-1754.

Spectacles de Paris, 1754-1789.

Almanach musical, publié chez Ruault et au bureau du *Journal de musique.* — 1775-1783.

Avant-Coureur (L'), 1762-1773.

Etat (ou Tableau) de Paris, par de Jèze, 1757-1765.

Etat actuel de la musique du Roi et de trois Spectacles de Paris, 1758-1789.

Mémoire signifié pour les sieurs de Peters et Miroglio — Paris, 1767, in-4°. B. N. 4° Fm 25687.

Mercure de France, 1730-1783.

Tablettes de renommée des musiciens. — Paris, 1785, in-8°.

II. AUTEURS DU XIXe ET DU XXe SIÈCLE [3]

ABERT (H.) : *Niccolo Jommelli als Opernkomponist.* — Halle, 1908, in-8°.

BRENET (M.) : *Les concerts en France sous l'ancien régime.* — Paris, 1900, in-16.

— *La librairie musicale en France de 1653 à 1790 d'après les Registres de Privilèges.* — Sammelbände der I. M. G. VIII, 401-466.

CHORON et FAYOLLE : *Dictionnaire historique des musiciens.* — Paris, 1817, 2 vol. in-8°.

CUCUEL (G.) : *La question des clarinettes dans l'instrumentation du XVIIIe siècle.* — Zeitschrift der I. M. G. XII, 281-284.

— *Quelques documents sur la librairie musicale au XVIIIe siècle.* — Sammelb. der I. M. G. XIII, 385-392.

Denkmäler der deutscher Tonkunst :
Deuxième série, troisième année, t. I : *Symphonien der Pfalzbayerischen Schule* (Mannheimer Symphoniker I). — Herausgg. v. H. Riemann. — Leipzig, 1902, in-f°.
Septième année, t. II : *Symphonien der Pfalzbayerischen Schule* (Mannheimer Symphoniker, II), deuxième partie, première moitié. — Herausgg. v. G. Riemann. — Leipzig, 1906, in-f°.
Huitième année, t. II : *Symphonien der Pfalzbayerischen Schule* (Mannheimer Symphoniker, III), deuxième partie, deuxième moitié. — Herausgg. v. H. Riemann. — Leipzig, 1907, in-f°.

Denkmäler der Tonkunst in Œsterreich :
Tome XV, 2e partie : *Wiener Instrumentalmusik vor und um 1750 (Vorläufer der Wiener Klassiker, I),* Herausgg. v. K. Horwitz et K. Riedel. — Vienne, 1908, in-f°.
Tome XIX, 2e partie : *Wiener Instrumentalmusik vor und um 1750 (Vorläufer der Wiener Klassiker, II),* deuxième série. — Herausgg. v. W. Fischer. — Vienne, 1912, in-f°.

GEVAERT (F. A.) : *Nouveau traité d'instrumentation.* — Paris, 1885, in-4°.

HELLOUIN (F.) : *Gossec et la musique française à la fin du XVIIIe siècle.* — Paris, 1903, in-16.

ISRAEL (C.) : *Frankfurter Concertchronik von 1715 bis 1780.* — Francfort, 1876, in-4°.

LALOY (L.) : *Rameau.* — Paris, 1908, in-8°.

LA LAURENCIE (L. de) et SAINT-FOIX (G. de) : *Contribution à l'histoire de la symphonie française vers 1750.* — L'Année musicale, 1911, 1-121.

LAVOIX (H.) : *Histoire de l'instrumentation.* — Paris, 1878, in-8°.

MENNICKE (C.) : *Hasse und die Brüder Graun als Symphoniker.* — Leipzig, 1906, in-8°.

PIRRO (A.) : *L'esthétique de J.-S. Bach.* — Paris, 1907, in-8°.

POHL (C. F.) : *Mozart und Haydn in London.* — Vienne, 1867, 2 vol. in-8°.

ROLLAND (R.) : *Haendel.* — Paris, 1910, in-8°.

SCHERING (A.) : *Geschichte des Instrumentalkonzerts.* — Leipzig, 1905, in-8°.

VALLAS (L.) : *La musique à Lyon au XVIIIe siècle,* I, *La musique à l'Académie.* — Lyon, 1908, in-4°.

VAN DER STRAETEN (E.) : *La musique aux Pays-Bas avant le XIXe siècle.* — Bruxelles, 1867-1888, 8 vol. in-8°.

VOLBACH (F.) : *Das moderne Orchester in seiner Entwickelung.* — Leipzig, 1910, in-8°.

---

[1] Les ouvrages de musique pratique, difficiles à embrasser dans leur variété, ne figurent pas dans cette bibliographie ; on en trouvera la description au cours des chapitres. Nous indiquons exceptionnellement les œuvres de Rameau.

[2] Les dates indiquées sont les dates extrêmes de notre dépouillement. — Sauf cas spéciaux, nous jugeons inutile de donner la description des périodiques cités. Nous renvoyons à la Bibliographie de Hatin.

[3] Nous jugeons inutile de mentionner les répertoires courants tels que la *Biographie* de Fétis, le *Quellenlexikon* de Eitner, les *Dictionnaires* de Riemann (trad. Humbert, 1899) et de Grove (édition de 1904-1910). — Les lettres I. M. G. désignent les publications de la Soc. internat. de Musique.

INDEX ALPHABÉTIQUE

VU LE 8 JUILLET 1912
DOYEN DE LA FACULTÉ DES LETTRES
DE L'UNIVERSITÉ DE PARIS,
A. CROISET

VU ET PERMIS D'IMPRIMER
LE VICE-RECTEUR
DE L'ACADÉMIE DE PARIS,
L. LIARD

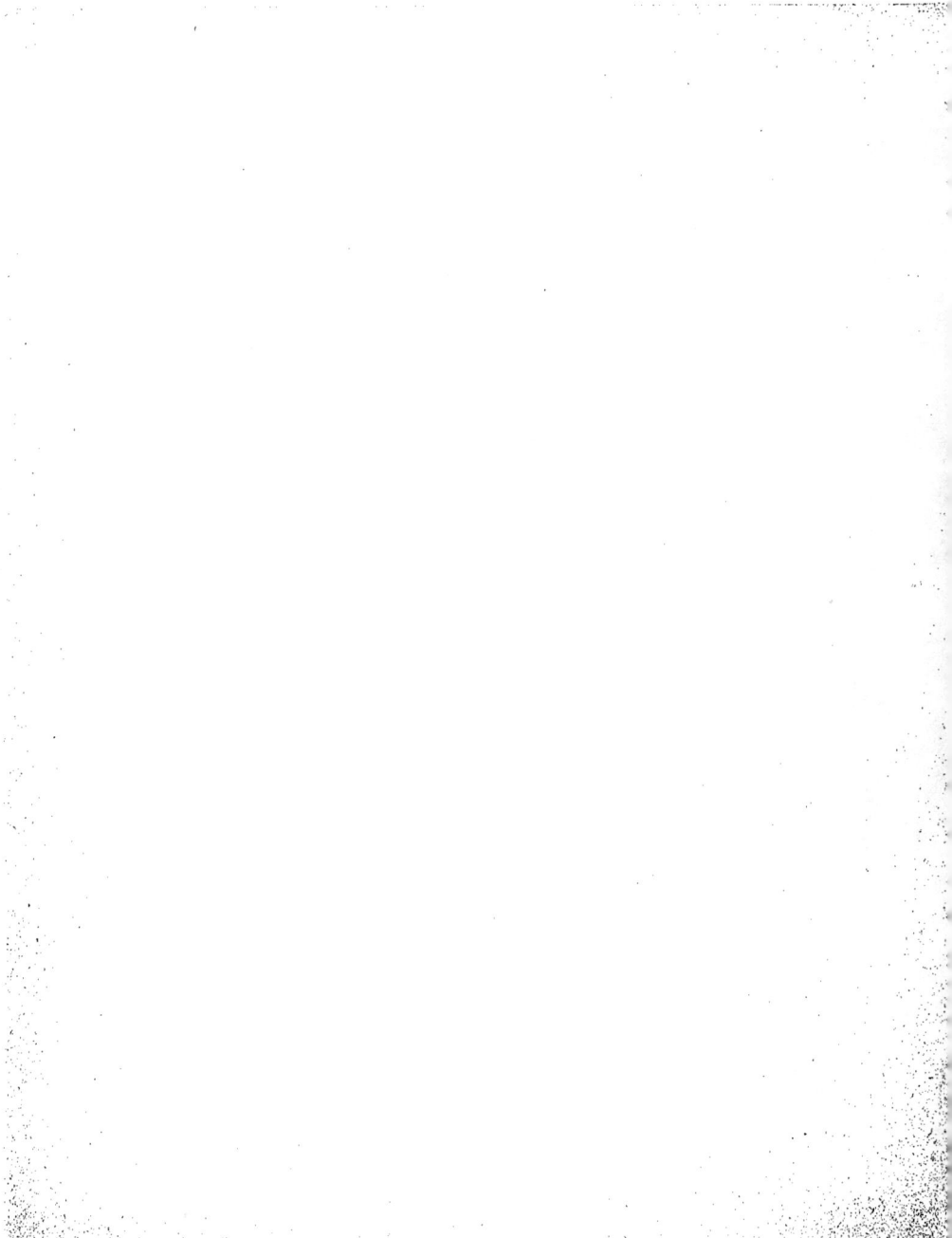

TABLE ANALYTIQUE DES MATIÈRES

BIBLIOTH. NATIONALE MUSIQUE

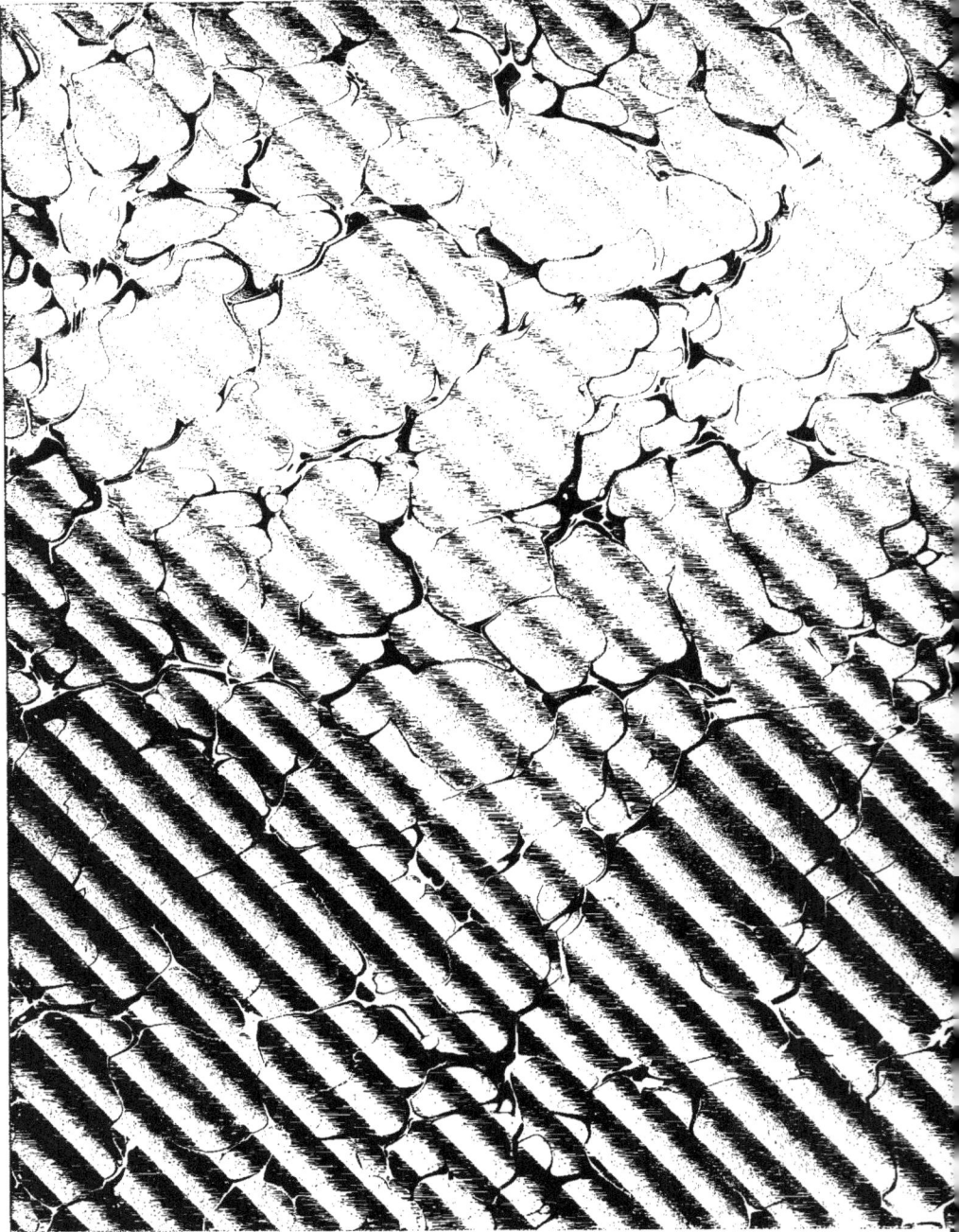

www.ingramcontent.com/pod-product-compliance
Lightning Source LLC
Chambersburg PA
CBHW071758090426
42737CB00012B/1866